François Fontaine

pièces historiques

9-14 ans

RETZ
1, rue du Départ
75014 PARIS

Sommaire

La première se déroule de nos jours et la seconde au XVIIe siècle.

Niveau : cycle III
Durée : 6 minutes

Le mariage de Louis XIV p. 84

Michel Fustier

Louis XIV, jeune roi de France est épris de Marie Mancini, la nièce du cardinal Mazarin. Mais la raison d'État est la plus forte et Mazarin contraint Louis XIV à épouser l'infante d'Espagne.

Niveaux : cycle III et collège
Durée : 6 minutes

Molière et Louis XIV p. 91

Michel Fustier

Molière et Louis XIV se rencontrent dans l'Au-delà. Ce petit huis clos sera pour l'homme de théâtre et le monarque, l'occasion de comparer les mérites et retentissements respectifs de leur passage ici-bas.

Niveaux : cycle III et collège
Durée : 6 minutes

La prise de la Bastille p. 98

Michel Fustier

Des jardins du Palais-Royal à l'hôtel de ville, en passant par la Bastille, ouvriers et bourgeois parisiens, soldats suisses et français, nous font revivre les journées qui ont précédé et suivi la prise de la Bastille. Sans oublier naturellement les principaux acteurs de ces moments historiques, parmi lesquels le roi Louis XVI, Camille Desmoulins et La Fayette.

Niveaux : cycle III et collège
Durée : 10 minutes

La Marseillaise p. 111

Michel Fustier

La fameuse chanson de Rouget de L'Isle, au fil des témoignages, prend peu à peu les dimensions que nous lui connaissons aujourd'hui : celles de l'hymne de tous ceux qui, dans le monde entier, luttent contre l'oppression et pour la liberté.

Niveau : cycle III
Durée : 5 minutes

Austerlitz p. 117

Michel Fustier

Une classe se prépare à subir un examen d'histoire sur l'époque napoléonienne. C'est l'empereur en personne qui vient faire passer l'examen ! Mais l'illustre examinateur est vite pris de court par le feu roulant des questions que lui posent les écoliers. Il est bientôt confronté au jugement... de l'Histoire.

Niveau : collège
Durée : 12 minutes

Verdun p. 132

Michel Fustier

La célèbre bataille de la Première Guerre mondiale est vue alternativement du camp allemand et du camp français. Entre les discours des généraux qui « contrôlent » la situation et les divers témoignages de soldats et de civils qui, chacun à leur façon, œuvrent pour la victoire, la question reste posée... cette amère leçon fut-elle bien comprise ?

Niveau : collège
Durée : 11 minutes

Les auteurs

Michel Coulareau

Avec, à son actif, plus de cinquante comédies humoristiques pour enfants : « Premiers rôles pour petits drôles » dont certaines ont été publiées chez Retz dans *20 pièces à jouer*, Michel Coulareau est le type même de « l'instit–auteur ». Animant depuis sept ans à Muret (Haute-Garonne) une classe-théâtre au Cours élémentaire, il jouit du privilège de pouvoir tester ses œuvres in vivo au sein de sa propre compagnie enfantine dite des « Petits drôles », qui a donné plus de 100 spectacles en métropole et détient un contrat fameux pour en présenter trente autres, d'ici à l'an 2000,... aux Antilles !
Touche-à-tout de l'écriture « drolatique », tour à tour dialoguiste, chansonnier ou fabuliste, Michel Coulareau a, par ailleurs, commis aussi deux vaudevilles à succès : *Double-scotch* et *Quel père ? Quel fils !*

François Fontaine

Instituteur de cycle 3, François Fontaine a déjà publié chez Retz un recueil de saynètes : *Des sketches à lire et à jouer*. Il a également participé dans la collection « Expression théâtrale », à d'autres ouvrages : *Grammaire en scènes*, *Petites comédies pour les enfants* et enfin celui-ci *Pièces historiques*.

Michel Fustier

Successivement professeur de lettres, chef du personnel, consultant industriel, Michel Fustier a mené parallèlement une carrière d'auteur dramatique. Il a été joué en particulier sur France-Culture, France-Inter et dans le milieu industriel (pièces pédagogiques pour les congrès, colloques, conventions...). Auteur également de deux romans et de plusieurs essais, ce sont ses petits-enfants qui l'ont poussé à écrire des pièces pour les écoliers.

Claudio Ponté

Enseignant, passionné de théâtre, Claudio Ponté est l'auteur d'*Antoine ou l'éveil à la liberté*, paru aux éditions Le Théâtre de l'Anvie et de quelques pièces parues dans *20 pièces à jouer* aux éditions Retz.

Introduction

L'étude de l'Histoire de notre pays représente souvent pour nos élèves une longue litanie de noms, dates et événements qui se mêlent et s'entrecroisent au point de malmener parfois les lois fondamentales de la chronologie. Il arrive encore que l'évocation d'une rencontre « historique » réunissant autour de la même table : Charles Martel, Napoléon Ier, Christophe Colomb et le maréchal Pétain, ne provoque, chez certains, aucun haussement de sourcil. De même, il n'a pas suffi que cette discipline nommée « Histoire de France » soit baptisée « Histoire » (tout court) pour que les enfants qui l'étudient mesurent pleinement la dimension internationale, voire planétaire, des événements qui la constituent. Au fil des règnes, le royaume de France ne semble avoir de voisins que lorsque ceux-ci sont pris de l'envie subite et irraisonnée de nous faire la guerre.

Les objectifs de ce recueil

Sans prétendre remédier miraculeusement à ces visions kaléidoscopiques de l'Histoire, ce recueil poursuit des objectifs multiples tout en proposant des modes d'utilisation variés.

- L'étude des saynètes présentées permettra de fixer dans la mémoire des enfants des grandes époques de l'Histoire de France ainsi que les personnages qui les ont marquées. Nous n'avons pas ici l'ambition de présenter un panorama exhaustif de l'Histoire. Le choix des époques traitées contribuera néanmoins à fournir de solides points de repère, tant dans l'évolution chronologique de notre Histoire que dans la contemporanéité de ses acteurs. Du dialogue entre Louis XIV et Molière, il transparaît sans peine que ces deux personnages ont vécu à la même époque et qu'ils se sont connus.
- Ce recueil sera également l'occasion d'explorer l'aspect humain de l'Histoire et la psychologie de ses protagonistes confrontés au déroulement des événements qu'ils ont provoqués ou subis. Charles le Téméraire, Louis XVI ou Napoléon Ier nous apparaissent ici comme des personnages vivants qui, comme nous, sont tour à tour animés par la certitude ou habités par le doute.

- Le caractère international de l'Histoire sera mis en évidence grâce à la présence de personnages historiques de pays différents. Les interventions du pape Boniface VIII, du roi d'Angleterre ou du Kronprinz d'Allemagne, suffisent à indiquer que le périmètre de l'Histoire dépasse - et de loin - les six cotés de l'hexagone.

Présentation des saynètes

Les saynètes suivent un déroulement chronologique qui conduit les enfants de l'Antiquité à la Première Guerre mondiale. En outre, la vérité historique, en ce qui concerne les personnages et les situations vécues, y est rigoureusement respectée.
L'enseignant pourra trouver les pièces qui lui conviennent à l'aide du sommaire qui indique la durée de chaque pièce et le niveau des élèves auxquels elle s'adresse.

Avant chacune d'elle, une fiche d'introduction présente :

- le nombre et la liste des personnages,
- le commentateur, dont le rôle est de situer le contexte historique et les personnages,
- les accessoires, costumes et décors nécessaires :
  Dans un souci de réalisme, les personnages devront porter costumes, armes et accessoires d'époque. Si ceux-ci sont introuvables (et ce sera sans doute souvent le cas!), ils pourront être confectionnés par les élèves à partir de matériaux ordinaires (carton, tissus, etc.). Ces ateliers de confection permettront d'effectuer un travail de recherche iconographique dans les manuels d'histoire, les dictionnaires encyclopédiques et divers ouvrages historiques afin de trouver les modèles dont on voudra s'inspirer. Pour faciliter ces recherches, nous nous sommes efforcés d'assortir chaque saynète d'illustrations fournissant des exemples de costumes ainsi que les plans ou cartes nécessaires;
- les explications indispensables pour comprendre les mots anciens ou étrangers, situer les noms de lieux et identifier plus précisément certains personnages. Apparaissent également dans cette rubrique, intitulée «À savoir pour mieux comprendre», des compléments d'information qui permettent de mieux apprécier certaines références faites par tel ou tel personnage. Sans doute est-il utile de connaître le rôle d'un maire du palais, l'étendue de l'empire des Templiers ou l'histoire tumultueuse de l'Alsace et de la Lorraine pour mesurer pleinement le pouvoir de Charles Martel, les intentions de Philippe le Bel ou celles de Charles le Téméraire;
- des conseils de mise en scène viennent enfin faciliter le travail de l'enseignant lorsque celui-ci entreprendra de monter une saynète pour la présenter au public.

Deux modes d'utilisation

Afin qu'un maximum de lecteurs (enseignants et élèves) puisse bénéficier de cet outil pédagogique original, deux exploitations ont été prévues.
La perspective d'une représentation théâtrale ne représente nullement une nécessité pour aborder l'étude de ces textes. En effet, ceux-ci peuvent servir de support à des séances de lecture dialoguées qui viendront enrichir et agrémenter au sein de la classe l'étude de l'Histoire de notre pays.

Dans le cadre d'une représentation devant un public, les conseils de mise en scène seront un guide précieux pour l'enseignant. Mouvements et positions des acteurs y sont indiqués de façon à rendre le déroulement de l'action le plus clair et le plus fluide possible. D'autres choix de mise en scène peuvent naturellement être faits par l'enseignant suivant ses propres goûts ou les possibilités scéniques dont il dispose.

Et maintenant, à vous de jouer... en donnant vie à ces événements et personnages historiques.

13 PERSONNAGES

- le père de Julie
- Julie, la petite Gauloise
- le soldat 1
- le soldat 2
- Vercingétorix
- Critognatos l'Arverne
- Aurélien, le jeune Romain
- le père d'Aurélien
- un vieux
- la femme 1
- la femme 2 et son bébé
- une voix d'homme
- Jules César

2 COMMENTATEURS

- un légionnaire romain
- un guerrier gaulois

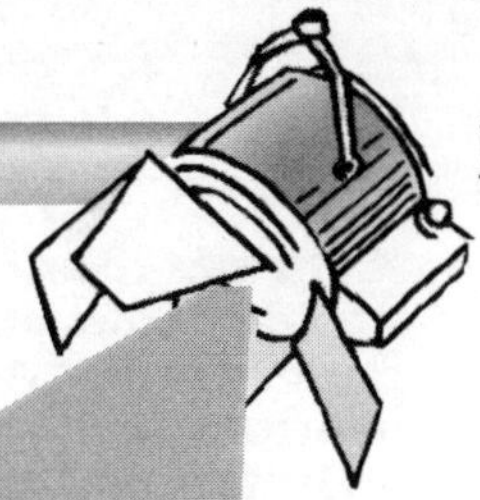

Le roi des guerriers

À savoir pour mieux comprendre

oppidum : place fortifiée gauloise établie sur une hauteur.

Gergovie : oppidum gaulois situé à quelques kilomètres au sud de Clermont-Ferrand.

Alésia : oppidum qui dominait l'actuelle commune d'Alise Sainte-Reine en Côte-d'Or.

Avaricum : nom de l'ancienne ville de Bourges.

Accessoires et costumes

Costumes d'époque pour tous (réalisés à partir des illustrations p. 20 et 21).
Julie étant coiffée d'un capuchon au début du 2e tableau, il faut lui prévoir une sorte de cape à capuche.
Un marteau de forgeron ou une massette.
Armes d'époque (réalisées en carton) : haches, épées, etc.
Deux grives (réalisées en carton ou avec des chiffons).
Un baigneur (qui figurera le bébé de la femme 2).

Conseils de mise en scène

L'introduction et l'épilogue seront lus par le légionnaire romain. L'élève jouant ce rôle pourra recopier et coller son texte sur une planchette recouverte de papier imitant le marbre, pour donner au public l'impression qu'il lit un texte gravé sur une vraie plaque de marbre.
Le guerrier gaulois restera sur le côté de la scène durant toute la pièce. Ses interventions seront destinées à situer l'action : au lever du rideau (dans la ville d'Alésia), au début du 2e tableau (dans le fossé séparant les Romains des Gaulois), en introduction du 3e tableau (alors qu'Alésia ne s'est pas encore rendue). Il sera également chargé de lire les passages dits par «la voix».

Certaines didascalies, qui demandent trop de décors ou d'acteurs (remparts, clameurs, mouvement de foule, etc.), pourront être prévues comme des informations à donner au public par les commentateurs. Ceux-ci pourront aussi, durant de brèves pauses à ménager, situer Gergovie, Alésia et Avaricum à partir de la rubrique « À savoir pour mieux comprendre » (p. 11) et/ou de la carte ci-dessous.
La localisation de ces villes pourra également être faite par l'acteur les mentionnant dans la pièce.

LA GAULE AVANT LA CONQUÊTE ROMAINE

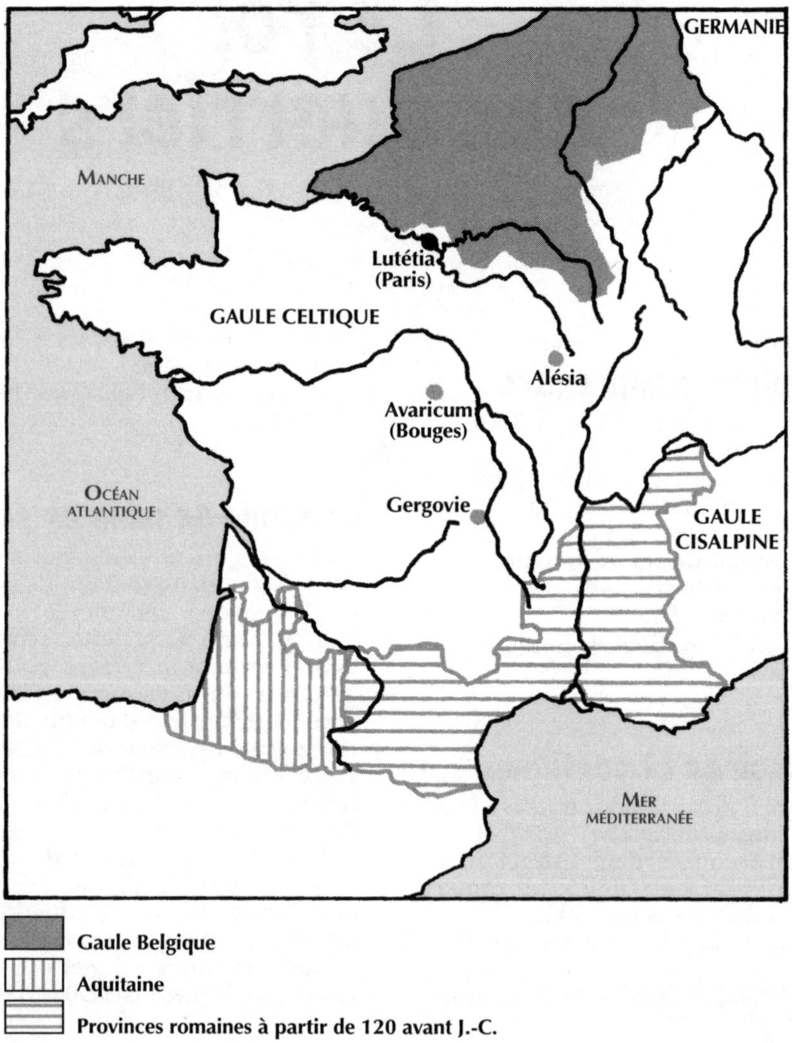

Le roi des guerriers

de Claudio Ponté

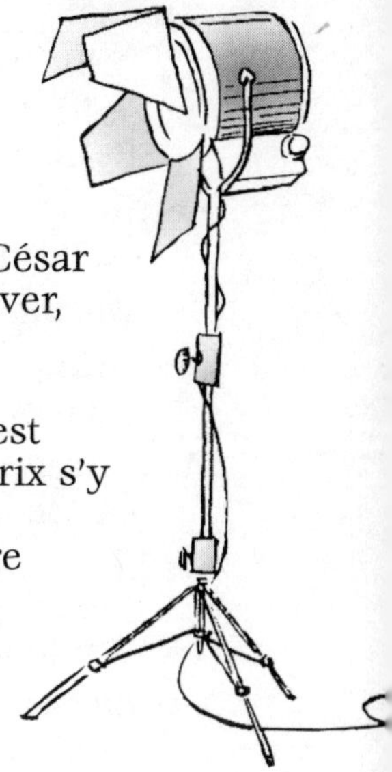

Introduction

Au début de l'an 52 avant Jésus-Christ, le Romain Jules César croit avoir vaincu la Gaule toute entière. Mais durant l'hiver, l'amour de la liberté soulève les peuples gaulois.
C'est la révolte.
La ville de Gergovie - principal oppidum des Arvernes - est assiégée par l'armée romaine. Le chef gaulois Vercingétorix s'y est retranché avec ses hommes.
Jules César ordonne l'assaut. C'est un échec. Et la victoire de Vercingétorix.
Au début de l'été, le chef gaulois transporte son quartier général à Alésia. La ville est à son tour assiégée par l'armée de César.

1er tableau

Julie est une jeune Gauloise, fille d'un forgeron d'Alésia. Elle admire Vercingétorix, le roi des guerriers. Rejetée avec d'autres femmes et des vieillards entre les lignes adverses, elle vibre d'enthousiasme à l'arrivée de l'armée de secours... mais César va briser son rêve de liberté.

Dans la ville d'Alésia, au pied du rempart, le père de Julie fourbit les armes pour les défenseurs d'Alésia.
Il est sombre et farouche, et son marteau frappe violemment le métal contre l'enclume.
Sa fille le gêne.

Le père de Julie
File ! J'ai du travail...

La fille escalade les marches qui montent vers le haut du rempart.

Julie *(du haut des remparts).*
Les Romains !... Les Romains attaquent !

Le soldat 1 *(observant au loin).*
Mais non !... Ils remuent la terre comme des termites.

Le soldat 2
Ça fait des semaines qu'ils creusent autour d'Alésia. Ils construisent des murailles pour nous empêcher de sortir.

Julie
Nous allons mourir ?

Le soldat 1
Et alors ?... Un Gaulois n'a pas peur de la mort.

Julie
Si l'armée de secours n'arrive pas, qu'est-ce que l'on fera ?

Vercingétorix entre.

Le soldat 1
Tais-toi, maudite punaise !

Vercingétorix
Laisse-la parler... La nuit va tomber, il faut rester éveillé.

Julie
Je n'ai pas peur de mourir, Vercingétorix.
S'il le faut, je me battrai aussi.

Elle saisit une hache trop lourde. Elle est déséquilibrée.
Son geste provoque le rire des soldats.

Vercingétorix
Rien n'est perdu, mes amis. L'armée de secours vaincra les Romains.

Le soldat 2
Vercingétorix, des compagnons grognent.
Les femmes et les vieillards ont faim.

Julie
Les enfants aussi.

Le soldat 2
Cela fait trois mois que Jules César nous a enfermés dans Alésia.
Les hommes sont fatigués. Certains parlent de capituler.

L'Arverne Critognatos a rejoint le groupe.

Critognatos
Qu'on leur coupe la langue ! Et à toi aussi ! Le druide a dit : « Honore les dieux, fuis le mal, pratique la bravoure ! » Honte à toi et à ta faiblesse !

Le soldat 2
Tu parles bien, Critognatos. Tu parles comme un homme qui n'a pas faim.

Critognatos *(menaçant).*
Et toi tu parles comme une femme !

Les deux hommes sont sur le point de s'affronter.

Vercingétorix
Assez ! Tant que nous resterons unis, l'Empire tout entier ne pourra nous asservir.

Critognatos
Imitons les Anciens : ceux qui ne pouvaient pas se battre, ils les sacrifiaient.

Le soldat 2
Devant les Romains, nous avons fui en brûlant nos villages, nos récoltes. Et maintenant, tu voudrais sacrifier nos vieillards, nos femmes, nos enfants !

Critognatos
Plutôt mourir par nos mains que de se rendre. Souviens-toi d'Avaricum, la plus belle ville de la Gaule. César vainqueur y a massacré les femmes et les enfants.

Vercingétorix
Nous gagnerons comme à Gergovie.

2e tableau

Dans le fossé séparant les Romains des Gaulois, la petite Julie arrache de l'herbe pour manger... Tout à coup, un jeune garçon se jette sur elle : c'est un Romain.

Aurélien
Tu ne m'échapperas pas, Gaulois !

Il lui arrache son capuchon...

Aurélien
Une fille !

Julie *(effrayée, agressive).*
Bas les pattes !

Elle lui jette de l'herbe et tente de s'enfuir...

Aurélien *(la rattrapant).*
Eh ! Pas si vite !... Je suis Romain !

Julie
Et alors ?

Aurélien
Alors je fais la guerre, ça se voit pas, non ?... Mais toi, je ne te connais pas... Qu'est-ce que tu fais dans ce fossé ?

Julie
Je ramasse de l'herbe pour mes lapins.

Aurélien *(moqueur, soupçonneux).*
Des lapins dans la ville, après trois mois de siège ? Laisse-moi rire !... Tu nous espionnes, oui !... Aucun Gaulois ne doit sortir vivant d'Alésia.

Il fait mine de la tuer.

Julie *(fière Gauloise).*
Je n'ai pas peur de mourir.

Soudain, une voix d'homme appelle. C'est celle du père d'Aurélien.

Le père d'Aurélien *(off).*
Aurélien ?... Tu l'as eue, la grive ?... Aurélien ?

Aurélien
Non, Père !... *(À Julie.)* Cache-toi, vite...

Le père d'Aurélien
Mais où que tu es, vaurien ?... Par Jupiter, tu vas pas me dire que tu l'as suivie jusque dans le fossé ?... Reviens, petit imprudent, le dîner de Jules César n'attend pas !

Julie *(à Aurélien).*
Tu es cuisinier ?

Aurélien *(menteur).*
Non, je fais la guerre... Comment tu t'appelles, toi ?

Julie
Julie.

Il donne à Julie l'une des grives qu'il a attrapées. Et aussi un morceau de pain.

Aurélien *(à Julie).*
Prends, Julie... Et cache-toi !... *(À haute voix, vers son père.)* J'arrive, Père !

Il s'éloigne.
Julie reste seule.
Tout à coup, une troupe de vieillards, de femmes et d'enfants fait irruption dans le fossé...
Plaintes et gémissements de douleur...

Julie *(à la femme 1).*
Qu'est-ce qu'il se passe ?... *(À un vieillard.)*... Où vas-tu, Grand-Père ?

Le vieux
À la mort, ma fille, nous allons tous à la mort. Les nôtres nous chassent de la ville. Cela fait autant de moins à nourrir...

La femme 1
Seuls les guerriers sont restés dans Alésia.

La femme 2 *(gémissant, avec son bébé dans les bras).*
Oh ! Pitié ! Mon enfant est malade… Il faudrait un docteur.

La femme 1
Les Romains ne nous laisseront pas passer.
Ce fossé est notre tombe.

Julie
Et l'armée de secours, alors ?

Le vieux
Il n'y a plus d'espoir, ma petite.

Julie *(éperdue).*
Je veux voir mon papa… Papa !

Le vieux la retient.

Le vieux *(à Julie).*
Viens dans mes bras, ma petite, viens… Quel désastre…
Les Romains vont prendre la ville, et ce sera le massacre…
La mort, ma petite, moi, je m'en contente, mais toi, tu es si jeune…
Si tu veux, c'est moi ton père maintenant…

La femme 1 *(voyant la grive, à Julie).*
Où as-tu volé cette grive ?

La femme 2 *(soupçonneuse).*
Elle vient du camp des Romains, pour sûr…

La femme 1
La traîtresse !

Les femmes tentent de lui arracher la grive.
Au-dessus d'eux, tout à coup, une voix d'homme s'élève, elle vient du rempart.

La voix
L'armée de secours !… Elle arrive !… L'armée de secours est là !

La femme 2
Nous sommes sauvés !

La troupe sacrifiée des vieux, des femmes et des enfants exulte de joie.
Elle danse entre les lignes adverses…

La voix
Elle s'avance, elle va tailler en pièces les Romains et tous les Jules César du monde !

Cris de joie…
Clameurs lointaines des combats…

La voix
Vercingétorix sort d'Alésia pour prendre à revers les Romains... Voilà César lui-même, dans son manteau de couleur pourpre... César a peur ! Les nôtres combattent à l'épée... Le combat est terrible...

Un temps.

Le vieux *(impatient, à l'homme du rempart).*
Alors quoi ?

Peu à peu, chaque visage s'assombrit. La défaite des Gaulois devient évidente.

La voix
La cavalerie de César prend l'armée de secours à revers !...
Les nôtres fuient... La retraite est coupée... Grand est le carnage !

3e tableau

Le soir de la bataille, Alésia ne s'est pas encore rendue...
Dans le fossé, Julie est isolée et pleure.
Tout à coup, un bruit dans les buissons... Aurélien apparaît.

Aurélien
Julie ?... Julie ?...

La jeune fille se rapproche en catimini.

Aurélien
Ne pleure pas... Tiens, prends... C'est du pain de César...

Il rit.
Julie dévore le pain.

Aurélien
Notre général nous interdit de vous aider.

Julie
Pourquoi ?... Des vieux, des femmes, des enfants...
Ils risquent rien !

Aurélien
C'est la guerre.

Julie *(fière).*
Tiens, reprends ton pain...

Il refuse.
Alors elle s'approche du vieux et lui donne le pain.

Aurélien
Je veux te sauver, tu comprends pas ?

Julie
C'est toi qui comprends rien...

Aurélien *(vexé).*
Moi ?... Eh ! Je sais lire et écrire, moi !

Julie a les larmes aux yeux.

Aurélien
Par Jupiter, excuse-moi, je suis un âne... Écoute, tu auras la vie sauve si tu deviens mon esclave.

Julie
Ton esclave ?... Tu es fou !... Tu as vu là-bas sur la colline ?... C'est notre armée, elle vient nous sauver. Je serai libre bientôt.

Aurélien
Elle a été battue. Une vraie boucherie.

Julie
Peuh !... Les Gaulois sont les meilleurs guerriers du monde !

Aurélien
Et toi la plus belle barbare que j'ai jamais vue...

Ils se sourient...

Aurélien
Julie... Viens avec moi à Rome. Après, je t'affranchis et je t'épouse...

Julie
Moi, embrasser un Romain, jamais !

Aurélien
Par Jupiter, je ne suis pas laid, j'ai posé nu pour le célèbre sculpteur Antiquorus.

Ils rient.

Aurélien
Vite, il faut partir...

La femme 1 *(hargneuse, voyant Aurélien).*
Un Romain !... *(À Julie.)* Mauvaise fille !

Elle se jette sur Julie.
Aurélien tente de les séparer.
La femme 1 s'empare du poignard du garçon et en frappe Julie...
Fou de rage, Aurélien la bouscule à son tour.

Aurélien *(tenant Julie dans ses bras).*
Julie, tu m'entends ?...

Elle ouvre les yeux.
Aurélien lui caresse le visage.

Aurélien

La guerre est finie, je t'emmène à Rome... Julie, on ira dans les thermes de Cornélius et puis au cirque... J'ai des tas de copains au cirque, ils t'aimeront... Julie... Julie ?

Le vieux s'est approché. Il pose la main sur l'épaule du jeune garçon. Julie est morte.

4e tableau

Sur le rempart, Vercingétorix s'avance, muet.
De l'autre côté du fossé apparaît Jules César.

Jules César *(s'adressant à Vercingétorix).*
Jeune homme parmi les puissants, tu ne peux rien contre la volonté de Rome. Rends-toi, sinon je raserai la ville.

Vercingétorix brise son épée en signe de reddition.
Dans le fossé d'Alésia, une mélopée s'élève... Les sourdes plaintes des femmes, les gémissements des blessés, les râles des mourants, la souffrance des vaincus...
Une grande clameur de victoire monte des rangs romains...
À l'écart, la serrant dans ses bras, Aurélien pleure sa Julie disparue.

Épilogue

Vercingétorix sera emmené à Rome où il défilera pour le triomphe de son vainqueur. Puis il sera jeté en prison. Il mourra six ans plus tard, étranglé sur ordre du nouveau maître du monde romain : Jules César.

Rideau

5 PERSONNAGES

- des soldats francs
- Clovis
- Jacques
- le père de Jacques, cuisinier du roi
- Jeanne, la sœur de Jacques
- un Alaman

1 COMMENTATEUR

- un soldat franc

Clovis

À savoir pour mieux comprendre

païen : personne qui adore plusieurs dieux.

Tolbiac : ancienne ville d'Allemagne appelée aujourd'hui Zulpich, où les Francs battirent les Alamans en 496.

Alamans : ensemble de tribus germaniques établies près du Rhin au IIIe siècle.

Soissons : ville de France située sur l'Aisne, où Clovis remporta une victoire sur Syagrius, chef gallo-romain, en 486.

Sicambres : peuple germanique qui s'installa en Gaule avec les Francs au IIIe siècle.

Loi salique : loi édictée par les Francs saliens, empêchant les femmes d'hériter de la terre de leurs parents.

dieux celtiques : dieux celtes. Les Celtes étaient un groupe de peuples vivant en Europe avant l'arrivée des Germains et des Romains. On retrouve les traces de leur culture en Bretagne, en Irlande et au Pays de Galles.

Accessoires et costumes

Costumes et armes d'époque pour tous (réalisés à partir de l'illustration p. 29). Un casque et un bouclier décoré. Une marmite et une grande cuillère. Une épée, un couteau, un arc, un carquois et des flèches.

Conseils de mise en scène

L'introduction et l'épilogue seront lus par le commentateur. Il restera sur le côté de la scène pour présenter Clovis qui portera quelques signes distinctifs (casque, francisque et bouclier décorés : voir p. 24) suggérant son rang de chef.

Le commentateur interviendra au début du 3e tableau pour signaler au public que le barbare qui fait son entrée est un Alaman. Il pourra également joindre sa voix aux acclamations des soldats au début et à la fin de la pièce.

L'Alaman étant foudroyé par une flèche « venue de nulle part », celle-ci ne sera naturellement pas visible. On pourra cependant expliquer la mort du barbare par un simple jeu de scène : l'archer suivant Clovis fera mine de récupérer sa flèche, fichée dans le corps de sa victime, pour la remettre dans son carquois.

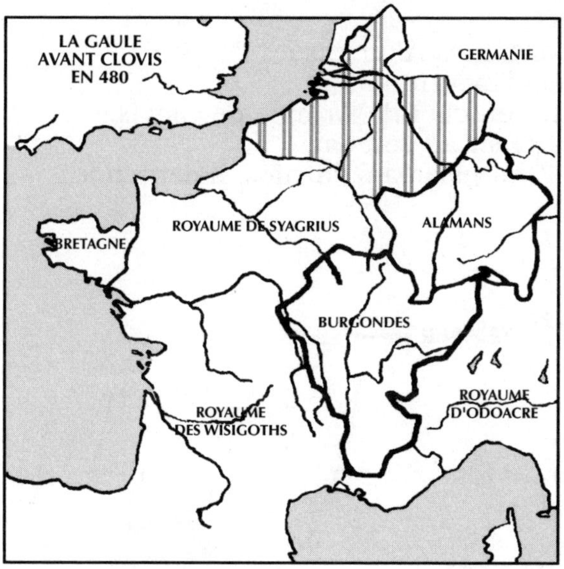

royaume Franc

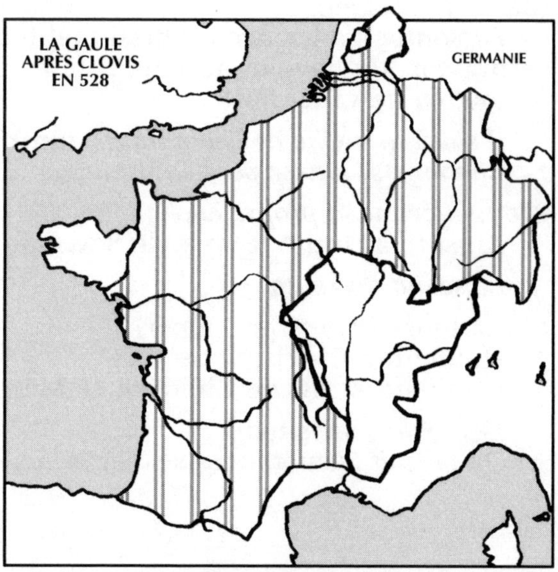

Clovis

de Claudio Ponté

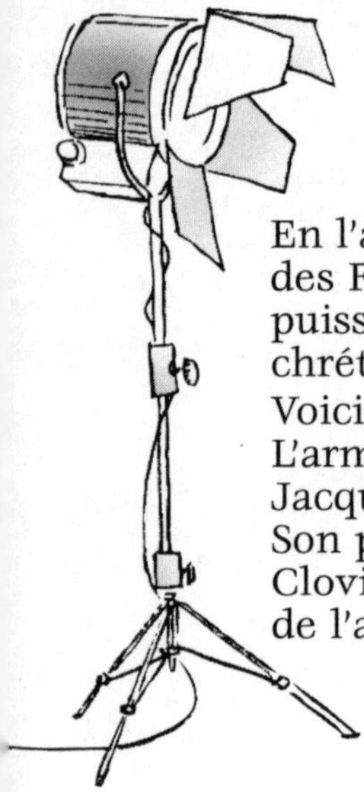

Introduction

En l'an 481 après Jésus-Christ, Clovis a quinze ans et devient roi des Francs. Les villes gauloises sont tenues par le clergé, très puissant. Le roi Clovis est païen tandis que sa femme Clotilde est chrétienne.

Voici la bataille de Tolbiac contre les Alamans en l'an 496.

L'armée franque est menacée d'extermination...

Jacques est le fils du cuisinier en chef de l'armée de Clovis.

Son père, malgré lui, va participer au combat...

Clovis est en grand danger. Ému jusqu'aux larmes, il demande de l'aide à Dieu qui l'écoute...

1er tableau

Des soldats sont en rang.
Clovis les passe en revue.

Les soldats francs *(en chœur).*
Honneur à Clovis ! Honneur au fils de Childéric le Mérovingien !

Clovis stoppe devant l'un d'eux.

Clovis *(au soldat).*
Personne n'a les armes aussi mal tenues que toi. Ton javelot, ton épée, ta hache, tout ça ne vaut rien !

Il saisit la hache de l'homme et la jette par terre.
L'homme se baisse pour la ramasser.

Clovis *(levant sa propre hache).*
Ainsi tu as traité le vase de Soissons...

Le soldat s'écroule.

Les soldats francs *(en chœur).*
Honneur à Clovis, notre roi !
Honneur au fils de Childéric le Mérovingien !

Les soldats se retirent.
On perçoit bientôt les cris et les bruits d'une bataille...

2ᵉ tableau

Le camp de Clovis.
Le chef cuisinier est devant son énorme marmite et tourne une toute aussi énorme cuillère.
Il est aidé, entre autre, par sa fille Jeanne qui épluche des légumes.
Jacques arrive en courant du champ de bataille…

Jacques
Papa, nous allons tous mourir !

Le père de Jacques
La mort, mon petit Jacques, c'est comme la faim : ça creuse…

Jacques
Les Alamans gagnent du terrain !

Le père de Jacques
Aie confiance, Clovis est béni des dieux, comme l'était mon ancêtre Goba, héros illustre mort à Alésia en…

Jacques
On s'en fiche de ton ancêtre !

Le père de Jacques *(sentencieux).*
C'est le tien aussi. Apprends, mon petit, que le goût est le fondement de la cuisine, comme la mémoire celui de ta caboche…

Jacques
Mais Clovis est encerclé !

Le père de Jacques *(sur le même ton, et goûtant sa soupe).*
Et on dira plus tard : en l'année 496 après Jésus-Christ, dans la plaine de Tolbiac, le fier Sicambre a défait les Alamans. Hum !… Ça manque un peu de poivre.

Jeanne, la sœur de Jacques, court jusqu'à un monticule permettant de voir le champ de bataille…

Jeanne
Clovis s'est agenouillé !

Le père de Jacques *(étonné, pas encore effrayé).*
Comment ? En pleine bataille ?

Jacques
Nous sommes perdus !

Le père de Jacques
Il a sûrement trébuché…

Jeanne
Non, il prie Dieu !

Jacques
Il est devenu fou ?

Le père de Jacques
Du respect, Jacques, c'est de Clovis dont tu parles ! S'il prie, c'est que… Et d'abord, il prie quel Dieu ?

Jeanne
Il crie : « Ô Jésus… »

Le père de Jacques
Par mon ancêtre d'Alésia, je ne veux pas voir ça !… Et qu'est-ce qu'il dit d'autre ?

Jeanne
Il crie : « Ô Jésus, à l'aide, à l'aide !… »

Le père de Jacques
Par mon ancêtre d'Alésia, je ne veux pas entendre ça !… Je devine l'influence de sa femme, la reine Clotilde la dévote, la bête à bon-dieu. Jeanne, combien a-t-il de genoux à terre ?

Jeanne *(depuis le monticule).*
Un seul, je ne vois qu'un seul genou à terre !

Le père de Jacques *(légère inquiétude).*
Par tous les dieux, s'il y en avait moins qu'un, j'aurais rien à dire ! Mais là… C'est la reine Clotilde, elle lui a machiné la cervelle à coups de crosse d'évêque !

Jacques
Je vais me battre !

Le père de Jacques
Reste-là, malheureux ! Clovis, je le connais : un genou à terre, c'est une ruse !

Jeanne
Je crois qu'il pleure !

Le père de Jacques
Le fin renard !

Jeanne
Il crie : « Ô Jésus ! »

Le père de Jacques
Le futé !

Jeanne
Dans la poussière, il se roule !

Le père de Jacques
Ruse que tout cela ! Par mon ancêtre, héros d'Alésia, je le connais : à genoux dans les orties, en plein carnage, il échafaude un plan...

Jacques
Un plan, par terre ?

Le père de Jacques
Stratégie...

Jacques
Il crie à l'aide !

Le père de Jacques
Stratégie, te dis-je !... Écoute-moi, ignorant. À Soissons, j'ai vu le vase fracassé, et aussi la vengeance du roi, un an plus tard : la hache qui fend le crâne comme une pastèque...

Jeanne
Mais Dieu là-dedans ?

Le père de Jacques
On essaie plusieurs dieux, et on prend celui qui fonctionne...

Jacques
L'armée des Francs va se faire massacrer !

Jeanne *(à son père).*
Pose ta louche et prends ta francisque. Va te battre, Père !

Le père de Jacques
Ma fille, je me bats moi aussi... contre ma marmite ! *(Avec une grande cuillère, il frappe sa marmite à gauche, à droite...)* Je touille à gauche, à droite... Je touille et je ratatouille... Je mélange, je remue, je brasse avec toupet... Je suis armé jusqu'aux dents : sel, poivre, romarin, ciboulette... dès que ces barbares en auront fini de bestialiser, je te les attrape par les tripes et alors...

Jeanne
Et alors ils te feront frire !

Jacques
Ma sœur, ils la violeront, ils la tueront !

Jeanne
Je sais me défendre ! Papa, si Clovis meurt, est-ce que la reine Clotilde sera couronnée ?

Le père de Jacques
Heureusement non ! La loi salique l'interdit. Point d'héritage pour les femmes. Grand merci à Clovis !

Jeanne
Mais pourquoi ?

Le père de Jacques
Parce que la terre ne doit jamais sortir de la famille !

Jeanne
C'est injuste !

Le père de Jacques
Que sais-tu de la justice, toi ?...

Jeanne
J'en sais autant que mon frère !

Le père de Jacques
Insolente ! *(Il lève sa cuillère pour la frapper... Soudain, la rumeur croît derrière la colline. Jeanne se précipite...)* Que se passe-t-il ?

Jeanne
Toujours la même chose : Clovis lève les bras au ciel...

Le père de Jacques
Il en est encore là !... Et que dit-il ?

Jeanne
« Ô Jésus... *(Elle rit, moqueuse.)* Ô Jésus, si tu m'aides, je te promets de me faire baptiser... »

Le père de Jacques *(stupéfait).*
Le baptême ! Par mon ancêtre, notre roi pactise avec la prêtraille... Moi, jamais !

3e tableau

Soudain, Jeanne dégringole du monticule qui abrite la cuisine... Un Alaman armé, impressionnant de laideur – un monstre – apparaît. Tous reculent, effrayés...

Le père de Jacques *(levant sa cuillère en bois).*
Halte là, messire Barbare !... *(L'Alaman lève son épée immense. Elle tournoie au-dessus des têtes avant de frapper la marmite... Le père mettant un premier genou à terre.)* Pitié, messire Votre Grandeur, je ne suis qu'un pauvre cuisinier... *(L'Alaman menace de nouveau, renversant çà et là des pots... Le père mettant son second genou à terre.)* Pitié !... Pitié !... Ô mon ancêtre, ne m'abandonne pas ! Viens à mon secours ! *(La rage de l'Alaman croît...)* Ô vieux dieux celtiques, venez à mon secours !...

Rien n'y fait.

Le père de Jacques

Ô Jésus-Christ, très chrétien, j'ai invoqué mes dieux sans résultat... C'est toi que j'invoque, maintenant!... Toi qui as multiplié les pains comme les sardines!... Ô Jésus, si tu m'aides, je me fais baptiser... *(L'Alaman regarde Jeanne. Le père couard, poussant sa fille devant lui.)* C'est ma fille... Elle est jolie, pas vrai?... Bien grasse, bien poivrée, et fleurant bon la lavande sous les bras...

Jeanne *(armée d'un couteau, à l'Alaman).*

Bas les pattes!

Une flèche venue de nulle part foudroie l'Alaman...
Clovis apparaît, suivi d'un archer et d'autres soldats...

Jacques

Clovis!

L'Alaman, fou de rage, blesse le père d'un coup de épée, avant de succomber...

Les soldats francs *(en chœur).*

Honneur à Clovis! Honneur à Clovis!

Les bruits de la bataille s'apaisent...
Le garçon et sa sœur sont au chevet du père blessé.

Jeanne *(à son frère).*

Il va mourir?

Clovis
Honneur à toi, maître cuisinier, c'est ton jour de gloire à toi aussi !

Jeanne se rappelle le geste du père la poussant vers le barbare... Sa tristesse est moindre.

Jeanne *(à Clovis).*
S'il meurt, je veux ma part d'héritage.

Les soldats rient.

Clovis *(à Jeanne).*
Gamine, ton père vivra parce que je le veux !

Les soldats francs
Honneur à Clovis !

Vivats de la victoire. Le nom de Clovis est repris par mille poitrines...

Les soldats francs
Honneur à Clovis ! Honneur au fils de Childéric le Mérovingien !...

Épilogue

Cette victoire, à Tolbiac contre les Alamans en 496, permit à Clovis d'étendre une fois de plus son autorité et donc son royaume. On peut voir dans cet épisode les premiers signes de la conversion de Clovis à la religion chrétienne grandissante. Il tiendra sa promesse faite à Dieu en se faisant baptiser à Reims la même année.

En renonçant ainsi à rester païen, Clovis obtint l'appui de l'Église et put s'imposer à l'ensemble de la population franque et gallo-romaine.

Rideau

9 PERSONNAGES

- Pierre, un jeune garçon
- le père de Pierre, noble auvergnat
- Charles Martel
- un homme d'escorte
- un conseiller
- le messager 1
- le messager 2
- un jeune soldat sarrasin
- un soldat franc
- d'autres soldats francs

1 COMMENTATEUR

- un autre soldat franc

La bataille de Poitiers

À savoir pour mieux comprendre

maire du palais : un maire du palais avait un rôle comparable à celui d'un ministre de nos jours. Leur charge étant héréditaire, les maires du palais ont progressivement pris tant d'importance qu'au VIIIe siècle, ils régnaient à la place des rois.

Dagobert : Dagobert n'est pas seulement un personnage de chanson ! Il a régné de 629 à 638 et fut secondé par son ministre, le fameux saint Éloi.

hérétique : terme utilisé au Moyen Âge pour désigner ceux qui n'étaient pas catholiques. On disait également « infidèle ».

Mérovingiens : nom donné à la dynastie des rois francs fondée par Clovis.

Sarrasins : nom utilisé par les Francs pour désigner les Arabes et les Musulmans en général.

Nah'din babek : insulte intraduisible.

le Malin : le démon.

mécréant : synonyme d'infidèle ou d'hérétique.

Accessoires et costumes

Costumes et armes d'époque pour tous (réalisés à partir de l'illustration p. 32).
Un couteau.
Une cape ou une petite couverture.
Un lapin (découpé dans du carton ou en peluche).

Conseils de mise en scène

L'introduction sera lue par le commentateur. Celui-ci présentera également les personnages principaux - Pierre et son père, Charles Martel et le jeune Sarrasin - à leur entrée en scène. Il pourra également jouer le rôle du soldat franc dans le 3e tableau, qui sera rejoint par les gardes à la fin de la pièce. Le groupe ainsi constitué lancera les vivats finaux.

Charles Martel

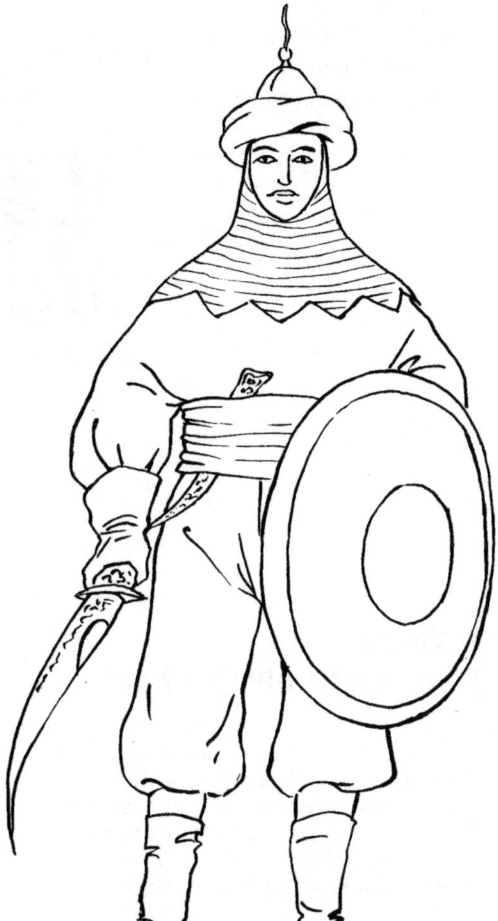

Sarrasin

La bataille de Poitiers

de Claudio Ponté

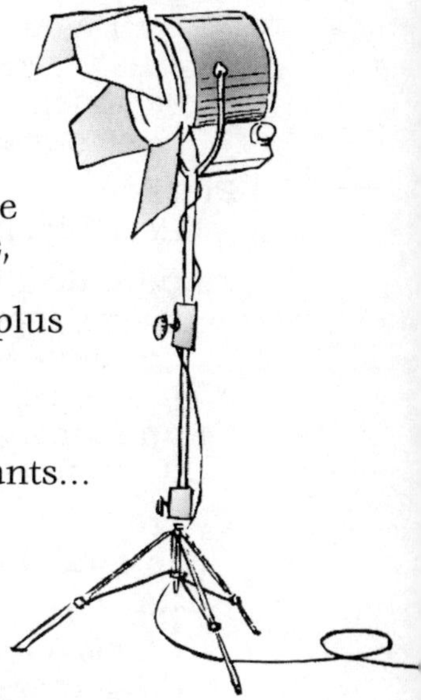

Introduction

À l'aube du VIIIe siècle, la Cour des Francs est devenue un lieu où règne la loi du plus fort. On tue, on égorge, on assassine.
Les successeurs de Clovis ont abandonné de plus en plus le pouvoir réel aux maires du palais.
Le clergé en profite pour étendre ses domaines et sa puissance.
C'est la décadence des rois mérovingiens – rois fainéants...

Un jour, le roi Dagobert fit un rêve : Satan s'empare de son âme, mais les armées célestes fondent sur lui et le délivrent.
Voici que, un siècle plus tard, en l'an 732, le rêve devient réalité : le grand Satan est là, à Poitiers, devant l'armée franque, c'est Abd-el-Rahman l'Infidèle.

Charles Martel, maire du palais sous le règne de Childéric III, commande l'armée qui va affronter les Sarrasins.
Le jeune Pierre est fils de chevalier à la Cour du roi. Il suit son père jusqu'à Poitiers. Les deux armées sont face à face...
Un chroniqueur méridional écrit : « Les Francs sont comme un mur immobile et glacé par le froid. Contre ce mur, la cavalerie arabe se bat en vain... »

1er tableau

Avant de se battre, les armées s'observent...
Le jeune Pierre est au côté de son père, chevalier.

Pierre
Père, c'est la ville de Poitiers qu'on voit là-bas ?

Le père de Pierre
Non, ce sont les feux de camp des Sarrasins. Maudits soient tous ces chiens d'hérétiques.

Pierre
Pourquoi viennent-ils chez nous ?

Le père de Pierre
Pour étouffer le Christ, et nous avec. Par saint Mamert qui expose sans vergogne ses entrailles, par saint Éloi et aussi saint Martin de Tours, on les aura. Leur cavalerie ne peut rien contre nous, nos troupes sont si serrées qu'un moustique ne passerait pas.

Pierre
Cela fait six jours que rien ne bouge.

Le père de Pierre
Pierre, mon fils, tes yeux voient loin et pourtant ils sont aveugles. Ce calme est trompeur : les infidèles sont en train de chercher nos points faibles. *(Un temps.)* Mon fils, sois toujours fier d'être un Franc. Montre-toi digne de vivre pour ton peuple, et aussi de mourir pour lui.

Pierre
Je serai invincible comme Clovis.

Le père de Pierre
Clovis était un grand roi, mais aussi un serpent… Du ventre de sa mère, dame Basine, ne sont sortis que des serpents maudits. Les fils du roi tuaient leurs neveux, le frère emprisonnait le frère. Satan régnait à la place des rois. Mais Christ a entendu nos plaintes et Dagobert est monté sur le trône. Par saint Éloi, il nous a rendu l'honneur.

Pierre *(fier).*
Je me battrai jusqu'à la mort.

Le père de Pierre *(fier).*
Je reconnais là mon sang… Regarde ces feux dans la nuit : depuis Alésia, jamais la Gaule n'a connu un si grand danger. Et que fait le roi Childéric ? Le fainéant roule dans la débauche. Le sang des Mérovingiens n'est plus que pisse de vache.

Pierre
Charles Martel nous sauvera des Sarrasins.

Le père de Pierre *(dédaigneux).*
Lui ? Il n'est pas roi.

Pierre
C'est un grand chef.

Le père de Pierre *(sceptique).*
Un maire du palais, un marchand de l'an 732 qui fait ses courses à Poitiers…

2e tableau

Pendant que le père parlait, des hommes en armes sont entrés, dont Charles Martel.
À ces mots, des gardes veulent saisir le père.

Charles Martel *(stoppant les gardes, au père).*
Tu portes les couleurs de l'Auvergne. Qui es-tu ?

Le père de Pierre *(avec fierté).*
Chevalier Hugues de Mont Dore.

Charles Martel
Et voilà ton fils. Que disais-tu du royaume ?
Parle sans crainte.

Le père de Pierre
Triste royaume, messire Charles Martel.

Un homme d'escorte *(s'avançant).*
Insolent !

Charles Martel *(le stoppant, puis, au père).*
Je suis prince mais continue, parle, j'aime entendre tes dures paroles.

Un conseiller *(à l'oreille de Charles Martel).*
Il fait partie de l'avant-garde...

Le père de Pierre
Voilà mon bras, prêt à combattre pour mon roi – et pour le Christ. Comme autrefois, le bras de mon aïeul contre les Bretons. C'était sous le règne du glorieux Dagobert.

Charles Martel
Gloire à Dagobert !

Le père de Pierre
Avant lui, mes ancêtres ont combattu les Alamans, c'était sous le règne du roi Clovis.

Charles Martel
Gloire à Clovis le Mérovingien ! Et gloire aussi à tes ancêtres, noble chevalier. Tu l'as dit, je ne suis pas roi. Mais je représente le roi, et à travers lui, le Christ. Le Christ a besoin de ton bras puissant. Dans peu de temps, les Sarrasins essaieront de nous jeter en enfer.

Le père de Pierre
Par le Christ, ils mourront !

Un messager entre.

Le messager 1

Prince Charles, les Sarrasins ont détruit la basilique de Saint-Hilaire-Hors-les-Murs.

L'émotion est forte.

Charles Martel

Messeigneurs, il faut vaincre Satan ou mourir. Mais, Christ aidant, nous vaincrons, et vivrons.

Un autre messager entre.

Le messager 2

Prince Charles, la cavalerie arabe attaque.

Charles Martel

À vos postes, messeigneurs ! Que Dieu nous garde !

3e tableau

Pierre est resté en arrière. Il observe le champ de bataille. Peu à peu, le jour se lève. Dans le dos de Pierre, un jeune Sarrasin s'est glissé. Pierre, surpris, s'élance pour le frapper avec son poignard… Au dernier moment, il s'aperçoit que l'Arabe est blessé. Avec prudence, il s'approche, l'Arabe semble aussi jeune que lui.

Pierre

Tu parles notre langue ? *(Pas de réponse. Pierre l'observe, comme s'il examinait un animal.)* Il n'a point de cornes comme le Diable… Ses pieds ne sont point fourchus… Son nez a un… deux trous. Ses oreilles ne sont point taillées en pointe. *(Au Sarrasin.)*
Es-tu un homme ou un démon ? *(Il le pique avec la pointe de son poignard. Le jeune Sarrasin sursaute et lui crache au visage. Pierre le menace avec son poignard…)* S'il était démon, son crachat m'aurait brûlé la peau… *(Il veut refaire l'expérience du poignard mais l'autre se rebiffe.)* Il a mal, donc il est mortel. *(Il examine le liquide qui s'échappe de la blessure.)* On dirait du sang… chaud… Le Démon ne saigne point ou alors c'est une ruse… Il a l'air d'être fait tout comme moi. Eh ? Sais-tu parler ?… Parler… avec la bouche. Il n'a point l'air de comprendre. Peut-être qu'il aboie…

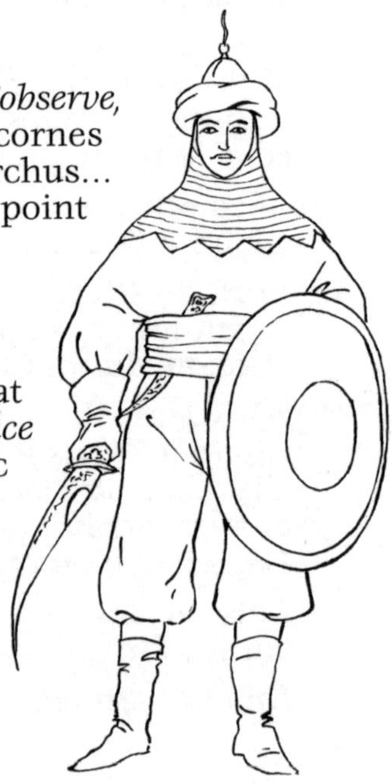

Soudain…

Le jeune Sarrasin *(l'insultant).*
Nah'din babek !

Pierre
Ben voilà, tu parles !

Le jeune Sarrasin
Allah est grand !

Pierre
Et en plus, tu parles notre langue. Qui es-tu ?

Le jeune Sarrasin
Toi, chien !

Pierre
Non, moi, Pierre.

Le jeune Sarrasin
Toi, chien Pierre.

Pierre
Non, pas chien, seulement Pierre.

Un soldat franc agressif, couvert de poussière et de sang, apparaît, épée au poing, comme s'il poursuivait quelqu'un.

Le soldat franc *(à Pierre).*
Tu l'as vu ?

Pierre
Qui ça ?

Le jeune Sarrasin se recroqueville. Pierre jette sa cape sur lui pour le cacher aux yeux du soldat franc.

Le soldat franc
Le maudit cafard de Sarrasin. Je l'ai vu courir par ici…

Pierre
Non !

Le soldat franc
Pourtant, je sens son odeur…
(Il observe la couverture.) Eh ! Ça bouge là !

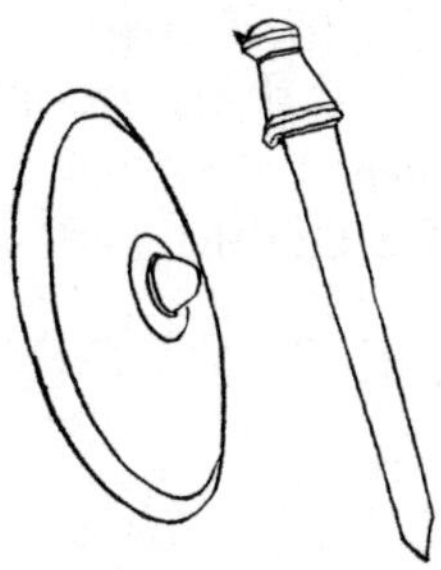

Pierre
Où ça ?

Le soldat franc
Là !

Pierre
Ah ! C'est mon cochon de Reims.

Le soldat franc
Quoi, un cochon?

Pierre *(fichant un coup de pied à la couverture).*
Oui, et je le soigne à coups de pied !

Le soldat franc
Hein?

Pierre
Il est pris d'un mal étrange : depuis qu'on est arrivé ici, à Poitiers, il grogne et jure en arabe.

Le soldat franc
Par le Malin!

Pierre
Tout ça parce qu'il n'aime pas la guerre... Écoutez-le !
(Coup de pied, aussitôt suivi de jurons en arabe.)

Le soldat franc
Un pourceau hérétique!... Je m'en vais lui crever la panse!

Pierre *(s'interposant).*
Non, pitié, noble soldat, c'est mon seul bien en ce monde...

Le soldat franc
Par le Christ, j'en ferai un jambon !

Pierre
Un jambon arabe, vous êtes fou!

Le soldat franc *(saisissant Pierre au cou).*
Par le Malin, tu as la langue bien pendue, toi... L'envie me vient de t'embrocher comme un porcelet!...

Pierre
Pitié, je suis un bon Franc d'Auvergne!

Le jeune Sarrasin est sorti de sa cachette en catimini. Il prend à revers le soldat et lui donne un coup de pied, puis se recache sous la couverture...

Le soldat franc
Nom d'un mécréant! Qui va là?

Pierre
Le Diable, messire!

Le soldat franc *(apeuré).*
Où ça?

Pierre
Là!

Le soldat paniqué tourne sur lui-même, son épée pourfendant l'air. Tout à coup, on entend une clameur venant du champ de bataille.

Le soldat franc
Par le Christ, on s'entre-tue ! J'arrive, compagnons !

Le soldat franc disparaît.
Pierre observe la bataille qui fait rage.
Le jeune Sarrasin sort de sa cachette...

Le soldat franc *(qui crie au loin, off).*
Le Musulman est mort, gloire à Charles Martel ! Gloire à Charles Martel !

Le jeune Sarrasin
Moi, partir...

Pierre
Non, attends, ils vont te tuer !

Les deux jeunes gens se regardent... Nulle haine, une grande curiosité, presque de l'amitié...

Le jeune Sarrasin
Moi, partir...

Pierre
Tu es blessé, je te cacherai.

Le jeune Sarrasin hésite, secoue la tête.

Pierre
Quel est ton nom ?

Le jeune Sarrasin disparaît sans un mot.
On entend la voix du soldat franc.

Le soldat franc *(off).*
Là !... Je te retrouve, mécréant ! Vermisseau ! Tu ne m'échapperas pas... *(Bruit sourd.)* Je t'ai eu, ah ! ah !

Pierre s'effondre en pleurs... Soudain, le soldat franc apparaît avec un lièvre au bout du bras.

Le soldat franc
Regarde, gamin ! C'est pas du jambon mais ça y ressemble !

Les vivats reprennent.

Autres soldats francs
Gloire à Charles Martel ! Gloire au vainqueur de Poitiers ! Gloire au sauveur de l'Europe !

Rideau

10 PERSONNAGES	1 COMMENTATEUR
• le père d'Isaac, banquier juif • le jeune Isaac • Pierre de Paroi, moine délégué du roi auprès du pape • Boniface VIII, le pape • Guillaume de Nogaret, conseiller du roi • Philippe le Bel, le roi • Pierre Flotte, chancelier du roi • le messager • un évêque • un scribe • des serviteurs, des gardes, des soldats et des moines.	• un moine en robe

Philippe IV le Bel

À savoir pour mieux comprendre

bulle : lettre portant le sceau du pape.

Templier : chevalier de l'ordre du Temple. Ordre de moines-soldats, fondé par des chevaliers français en 1118 à Jérusalem. Les Templiers, qui portaient un vaste manteau blanc marqué d'une croix rouge, avaient pour mission de protéger des pélerins. Très vite, ils formèrent l'armée permanente du royaume des chrétiens de Jérusalem. Ils devinrent très riches et puissants. Ils furent les banquiers des rois, notamment des rois de France. On comptait environ 2000 Templiers en France. Vers la fin du XIIIe siècle, le roi Philippe le Bel décida d'anéantir cet ordre pour s'approprier ses richesses et stopper son influence. Cependant, le calcul du roi fut déjoué : l'Église attribua les biens du Temple à un autre ordre de moines-soldats : les chevaliers de saint Jean de Jérusalem.

capétien : roi de France appartenant à la dynastie fondée par Hugues Capet. Les Capétiens ont régné de 987 à 1328 pour être ensuite remplacés par les Valois.

le veau d'or : idole adorée par les ancêtres des Juifs et qui est devenue le symbole de la richesse.

ribaud : personne qui suivait une armée au Moyen Âge pour profiter du désordre qu'elle semait sur son passage.

temporel : qui concerne les choses matérielles, par opposition au « spirituel ».

séculier : qui n'appartient pas à l'ordre religieux.

l'ost : l'armée à l'époque féodale.
concile : assemblée d'évêques.

Accessoires et costumes

Costumes et armes d'époques pour tous (voir illustrations ci-dessous et p. 45).
Deux trônes (l'un à Rome et l'autre à Paris).
Une tiare ornée de pierreries.

Conseils de mise en scène

Le commentateur lira l'introduction. Du bord de la scène, il présentera les personnages principaux en indiquant leurs noms et fonctions.

Au 1er tableau, Isaac et son père pourront être placés en avant-scène. Ils descendront de la scène pour devenir témoins silencieux des tableaux 2 à 6. Ils remonteront en avant scène au 7e tableau pour regarder passer (entre la scène et le public) le cortège des soldats poussant les moines devant eux.

La scène devra être assez large pour permettre de disposer les acteurs en deux groupes bien distincts : ceux qui sont à Rome et ceux qui sont à Paris. Rome et Paris seront symbolisés par les trônes respectifs de Boniface VIII et de Philippe le Bel. Ceux-ci pourront être entourés de serviteurs et de gardes qui resteront silencieux tout en s'affairant autour de leur maître.

L'enchaînement des tableaux 2 à 6 sera réalisé en demandant aux acteurs placés du côté où l'action ne se déroule pas de rester figés. Le public verra ainsi clairement l'action évoluer de Rome à Paris et inversement.

Philippe IV le Bel ou l'affaire des Templiers et celle du pape

de Claudio Ponté

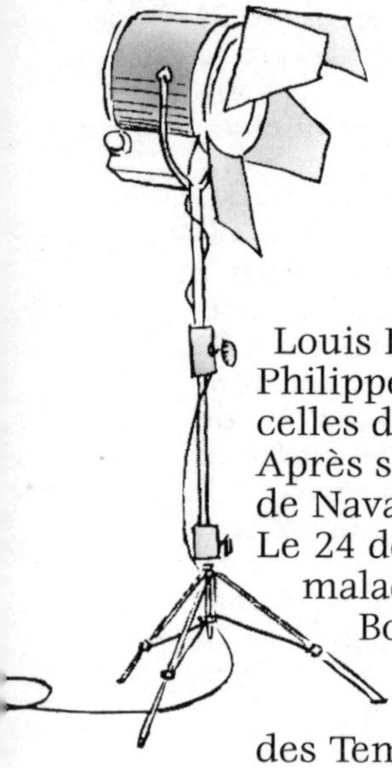

Introduction

Louis IX – saint Louis – meurt à Tunis en 1270. Son fils, Philippe III le Hardi, lui succède. C'est un roi sous influences – celles de sa mère, de son oncle et de son favori.
Après sa mort, son fils Philippe IV, dit «le Bel», marié à Jeanne de Navarre, est couronné le 6 janvier 1286, à l'âge de 18 ans.
Le 24 décembre 1294 est élu le nouveau pape – le violent, maladroit, orgueilleux et trop amoureux de la mise en scène –, Boniface VIII. «À coups de bulles», il s'opposera au roi de France.

Dans le même temps, Philippe le Bel lutte contre l'ordre des Templiers, riche et puissant. Il triomphe du pape le 11 octobre 1303. Le 13 octobre 1307, il ordonne l'arrestation de tous les Templiers du royaume. Le 18 mars 1314, leur grand maître Jacques de Molay est brûlé vif. C'en est fait de la puissance des Templiers. Philippe le Bel meurt le 29 novembre 1314 en disant à son fils Louis, futur Louis X : «Pesez, Louis, pesez ce que c'est que d'être roi de France.»

1er tableau

Dans l'officine du père d'Isaac.

Le père d'Isaac *(parlant à son fils).*
Mais parce que nous sommes juifs, voilà tout! Isaac mon fils, tu es né dans ce beau pays de France, mais tu n'es pas d'ici, tu n'es pas Français.

Isaac
Quel est mon pays alors?

Le père d'Isaac
Tu es de nulle part. Nous autres Juifs, nous sommes condamnés à errer dans le monde, sans patrie, sans fonction dans aucun royaume. Seul le commerce nous est permis.

Isaac
Le roi en profite pour nous taxer.

Le père d'Isaac
Oh oui, et il sait qu'il n'a rien à craindre de nous, banquiers juifs. Par contre, les Templiers l'agacent...

Isaac
Pourquoi ? Ces moines sont pauvres.

Le père d'Isaac
Pauvres, hé ! Hé !... Pris un par un, ils sont pauvres, mais ensemble, ils sont très riches, plus riches que le roi. Cela agace Philippe le Bel... et cela n'est pas bon pour nos affaires, mon fils.

Isaac
Les Templiers nous font concurrence.

Le père d'Isaac
Oui. Mais ce capétien m'inspire confiance. Il saura les abattre. Pour le moment, il a beaucoup de problèmes avec le nouveau pape Boniface VIII...

2e tableau

À la Cour du pape.
Depuis Paris, le roi Philippe le Bel écoute aussi.
Boniface VIII est sur son trône et reçoit le délégué du roi de France, Pierre de Paroi...

Pierre de Paroi
Très Saint-Père Boniface, vous favorisez trop les Templiers.

Boniface VIII
Ce ne sont que d'humbles soldats du Christ, les derniers défenseurs de Jérusalem.

Pierre de Paroi
Les rois de France ont toujours défendu l'Église et le Christ. Rappelez-vous saint Louis, le grand-père de Philippe...

Boniface VIII
Les rois de France m'ennuient. Ils sont turbulents et n'appliquent pas les sages conseils du Christ.

Pierre de Paroi *(ironique).*
C'est vous, le Christ, Boniface VIII ?

Boniface VIII *(sèchement).*
Et toi, qui es-tu pour me parler de la sorte ?... Philippe le Bel, mon très cher fils, a besoin d'argent pour sa guerre contre l'Angleterre.

(Se tournant à demi vers Paris, vers le roi Philippe impassible.)
Qu'il s'en prenne aux Juifs et non pas à mes pauvres moines !

Pierre de Paroi *(ironique).*
La pauvreté de vos Templiers irrite le roi...

Boniface VIII
Messire Pierre de Paroi, mon fils, les rois de ce monde s'intéressent trop à l'or, au veau d'or !

Pierre de Paroi
L'or ! Vos évêques en ont plein les doigts. D'ailleurs, vous-même en êtes quasiment couvert...

Boniface VIII
Mon cher fils, ce que tu vois n'est que la lumière dorée de l'Esprit saint !

Depuis Paris...

Guillaume de Nogaret *(s'écriant).*
Avare et parjure !

À Rome...

Pierre de Paroi
Pourtant, Très Saint-Père, j'ai ouï dire que vous avez interdit aux Templiers de nous aider contre les Anglais.

Boniface VIII
Dieu n'aime pas la guerre et, dans sa très grande bonté, Il me l'a fait savoir.

Pierre de Paroi *(avec impatience).*
Le Très-Haut vous a-t-il aussi informé que Philippe taxera le clergé de France...

Boniface VIII *(se tournant vers le roi de France).*
Prends garde à toi, Philippe le Bel !

Pierre de Paroi
Très Saint-Père, Philippe a la France au cœur...

Boniface VIII
Non, il a un caillou à la place du cœur ! *(À l'adresse du roi de France.)* Écoute-moi, Philippe, tu es bel et bien comme une brebis égarée... C'est pourquoi je te pardonne... mais retrouve le chemin de la sainte mère l'Église.

Pierre de Paroi *(provocateur).*
On raconte que vous trafiquez avec les choses saintes...

Boniface VIII *(bondissant).*
Qui a dit cela ?... Toi ?

Pierre de Paroi
Dieu m'en garde !

Boniface VIII *(explosant).*
Un âne, tu es un âne bâté !… *(Vers le roi de France.)* Voilà bien ton orgueil, Philippe le Bel ! Dieu me confonde si je ne détruis pas ton orgueil ! *(À Pierre de Paroi.)* Va-t'en, ribaud, mauvais moine ! Va-t'en dire à ton roi que je le ferai détrôner ! Hors de ma vue !

Les représentants français sortent. Le pape fait entrer un scribe.

Boniface VIII *(dictant).*
Écris : « Bulle *Cléricis Laicos* : Les prêtres qui se soumettront aux rois temporels sont des chiens. Voici les décisions que j'impose sous peine d'excommunication. L'empereur, les rois, les princes, les barons n'exigeront plus rien du clergé. Pas de taxe, ni d'impôt ! »

3e tableau

À la Cour du roi de France.
Le roi vient de prendre connaissance de la bulle Cléricis Laicos.

Philippe le Bel
Le pape ne comprend rien.

Guillaume de Nogaret
Sa soif d'or est grande et l'Église de France lui en fournit beaucoup.

Philippe le Bel *(songeur).*
Nos chers Templiers…

Guillaume de Nogaret
Le royaume a besoin de cet or.
Sire, fermons les frontières.

Philippe le Bel *(après un temps).*
Tu as raison, Nogaret. J'interdis à quiconque de sortir l'or et l'argent du royaume, par mer ou par terre, sous quelque forme que ce soit.

4e tableau

De Rome, le pape se tourne vers le roi de France qui est à Paris…

Boniface VIII

Tu es fou !… Fou à lier ! Video lupus ! Tu veux voler mon or, l'or de Dieu ! Tu veux m'affamer, m'étrangler, m'égorger, moi et mes enfants ! Maudit le Bel ! Maudit chien de luxe ! Je vais… je vais t'excommunier ! *(Au scribe.)* Écris : « Bulle *Ineffabilis amor* : Quoi, Philippe mon fils, tu oses porter tes mains criminelles sur mes pauvres Templiers ? Quoi, tu veux m'affamer, moi et mes enfants ? Quoi, le temporel veut étrangler le spirituel ? Quoi, quoi ! » *(Au scribe.)* Efface tout. *(Il dicte à nouveau.)* « Philippe, regarde les Romains, regarde les rois d'Angleterre, d'Espagne, qui sont tes ennemis ; tu les as attaqués, offensés. Malheureux ! N'oublie pas que sans l'Église, tu ne pourrais pas leur résister !… »

5e tableau

À Paris…

Remous autour du roi, après la lecture de la bulle Ineffabilis amor…

Guillaume de Nogaret

Le pape se moque de nous !

Pierre Flotte

Avant l'Église, il y a le royaume de France ! Les privilèges des évêques n'existent qu'avec la permission du roi !

On entend des « oui ! oui !… », des « oïl ! oïl !… »

Pierre Flotte

Maudit soit ce pape à bulles !

Depuis Rome…

Boniface VIII *(répliquant).*

Moi, je fais des bulles, et Philippe des lois !
Il se prend pour un grand législateur !
Chiens à vermines, je vous méprise !

À Paris.

Pierre Flotte

Chien toi-même, pape à femmes ! La puissance de mon maître est réelle, la tienne n'est qu'un mot !

Boniface VIII
Quel est ton nom ?

Pierre Flotte
Pierre Flotte.

Boniface VIII
Je t'excommunie !

Brouhaha des anges et des démons terrestres...
Le chancelier Pierre Flotte se retire. (Il sera tué, quelques mois plus tard, à la bataille de Courtrai contre les Flamands.)

À Rome.

Boniface VIII *(dictant au scribe).*
« Bulle *Ausculta, fili* : Écoute, ô mon fils Philippe, les conseils d'un père tendre. Le saint Siège est plus puissant que tous les pouvoirs séculiers... Ô mon cher fils, tu fais arrêter des moines, des Templiers, et tu les emprisonnes. De quel droit ? Ton tribunal humain ne peut rien contre eux ! L'Évangile dit : "Il y a deux glaives : le spirituel et le temporel. Les chevaliers ne peuvent rien contre les prêtres." Qui veut être sauvé doit être soumis au pape ! »

À Paris...

Guillaume de Nogaret *(après avoir écouté la bulle).*
Par ma barbe, il se prend pour Dieu !

Tout à coup, un messager arrive de Flandre...

Le messager *(essoufflé, au roi).*
Sire, la bataille de Courtrai... les Flamands... les Français...

Guillaume de Nogaret
Eh bien ! Parle !

Le messager
Un désastre ! L'ost de Votre Majesté est détruit... Robert d'Arbois, tué... Pierre Flotte, tué.

À Rome...

Boniface VIII *(jubilant).*
Je l'avais dit ! Ce maudit Flotte a perdu son âme !...
Ah ! Les Flamands ont toujours su gagner mon affection !...
(Il se dresse en pointant un doigt vengeur vers Philippe.)
Philippe, prends garde à toi ! Dans le passé, des papes ont excommunié moult rois de France ! Robert le Pieux, Louis VII, Philippe Auguste !... Moi, avec Dieu, nous pourrions te déposer comme un gamin !

À Paris, le roi est entouré des plus hauts dignitaires du royaume…

Guillaume de Nogaret *(haranguant).*
Mes Seigneurs, vous me connaissez, je suis Guillaume de Nogaret, chrétien de toute mon âme. Et c'est avec mon cœur que je vous parle. La crise est grave : la chaire de saint Pierre est usurpée par un menteur ! Mes Seigneurs, là-bas, il y a un trafiquant de choses saintes, un avare – j'ai des preuves ! – en un mot : il y a un vieux dépravé qui se prend pour César, pour le roi de Rome, pour Dieu ! Ce pape Boniface VIII, ce loup ravisseur doit être jugé et condamné !

6ᵉ tableau

Le pape somnole sur son trône, dans son palais fortifié d'Anagni en Toscane.
Soudain, des bruits sourds, un tumulte… On frappe à sa porte. Un évêque entre par une porte latérale.

L'évêque *(apeuré).*
Très Saint-Père, les Français !

Boniface VIII
Maudits soient-ils !… Habille-moi, vite !

Le pape s'habille de sa chape la plus précieuse, coiffe sa tiare scintillante d'or et de pierreries… Il est vêtu en pape glorieux. Soudain, la porte s'ouvre. Guillaume de Nogaret bondit, l'épée à la main.

Boniface VIII
Voilà ma tête, voilà mon cou. Au moins, je mourrai pape !

Un chevalier veut frapper le pape mais Nogaret le retient.

Guillaume de Nogaret
Non, je veux qu'il soit jugé par un concile, bon gré mal gré. *(Au pape.)* Je vous arrête pour sauvegarder la sainte Église catholique et romaine.

Boniface VIII *(perdant l'esprit).*
Oui, oui, je vous comprends, je suis vieux, je vous approuve in nomine domini… Je vous pardonne, je vous bénis, ita est…

À Paris.

Guillaume de Nogaret *(au roi).*
Sire, le royaume de France et la sainte Église sont sauvés. Boniface, le loup ravisseur, est mort avant d'être jugé…

7e tableau

Sur le seuil de la maison d'Isaac… Dans la rue, des soldats poussent des moines de l'ordre des Templiers devant eux.

Isaac
Père, où emmène-t-on ces moines templiers ?

Le père d'Isaac
En enfer, mon fils… Ils vont être brûlés comme hérétiques.

Isaac
Pourtant, ils ne sont pas juifs.

Le père d'Isaac
Non, mais le pape ne les protège plus. Ils ont tous été arrêtés. Les inquisiteurs vont les questionner…

Isaac
On raconte que pour être Templier, il faut cracher sur la croix.

Le père d'Isaac
On dit beaucoup de choses. Ce qui est sûr, c'est que le roi Philippe a vaincu la puissance des Templiers.

Isaac
On va donc tous les brûler ?

Le père d'Isaac
Pas tous, mais leur chef Jacques de Molay en tout cas… *(Cynique.)* Isaac, mon fils, ne t'occupe pas de cela. Nos affaires vont reprendre, voilà ce qui compte pour nous, banquiers.

Ils rentrent.

Rideau

20 PERSONNAGES

- Charles le Téméraire, duc de Bourgogne
- Édouard IV, roi d'Angleterre
- cheval 1
- cheval 2
- Marguerite, duchesse de Bourgogne
- l'ambassadeur anglais
- Louis XI, roi de France
- le capitaine suisse
- 6 soldats suisses
- le messager 1
- le messager 2
- le messager 3
- le capitaine de Campobasso, condottière italien
- Marie de Bourgogne, fille unique de Charles le Téméraire
- l'aumônier de Charles le Téméraire

1 COMMENTATEUR

- un page

Charles le Téméraire

À savoir pour mieux comprendre

condottière : chef de soldats mercenaires en Italie.

aumônier : homme d'église.

razzia : pillage en territoire ennemi.

l'Alsace et la Lorraine : ces deux provinces ont été tour à tour allemandes au IXe siècle, par le traité de Verdun qui réglait la succession de Charlemagne, puis françaises au XVIIe siècle, puis à nouveau allemandes en 1871 après la guerre contre la Prusse, puis françaises en 1919 à l'issue de la Première Guerre mondiale, pour redevenir allemandes en 1940 et se retrouver enfin françaises à la fin de la Seconde Guerre mondiale en 1945. Aujourd'hui, les noms de l'Alsace et de la Lorraine suffisent à rappeler les nombreux conflits qui ont opposé l'Allemagne et la France à travers les siècles. Marguerite de Bourgogne, en les mentionnant, était loin de se douter que l'histoire de ces deux provinces ne se terminerait pas de sitôt!

Accessoires et costumes

Costumes et armes d'époque pour tous (réalisés à partir des illustrations p. 53, 55 et 63).
Deux couvertures, deux têtes de chevaux en carton et deux brides ou ficelles.
Une chaise.
Un nécessaire à broderie.
Une bourse.
Quatre tringles à rideaux.
Deux hallebardes.
Un casque d'époque.

Conseils de mise en scène

Le commentateur lira l'introduction. Du bord de la scène, il lira également la courte phrase qui précède chaque tableau et présentera les personnages que les répliques du texte ne permettent pas d'identifier clairement.

Les chevaux seront chacun figurés par un acteur dissimulé sous une couverture.

LA FRANCE À L'ÉPOQUE DE LOUIS XI ET CHARLES LE TÉMÉRAIRE

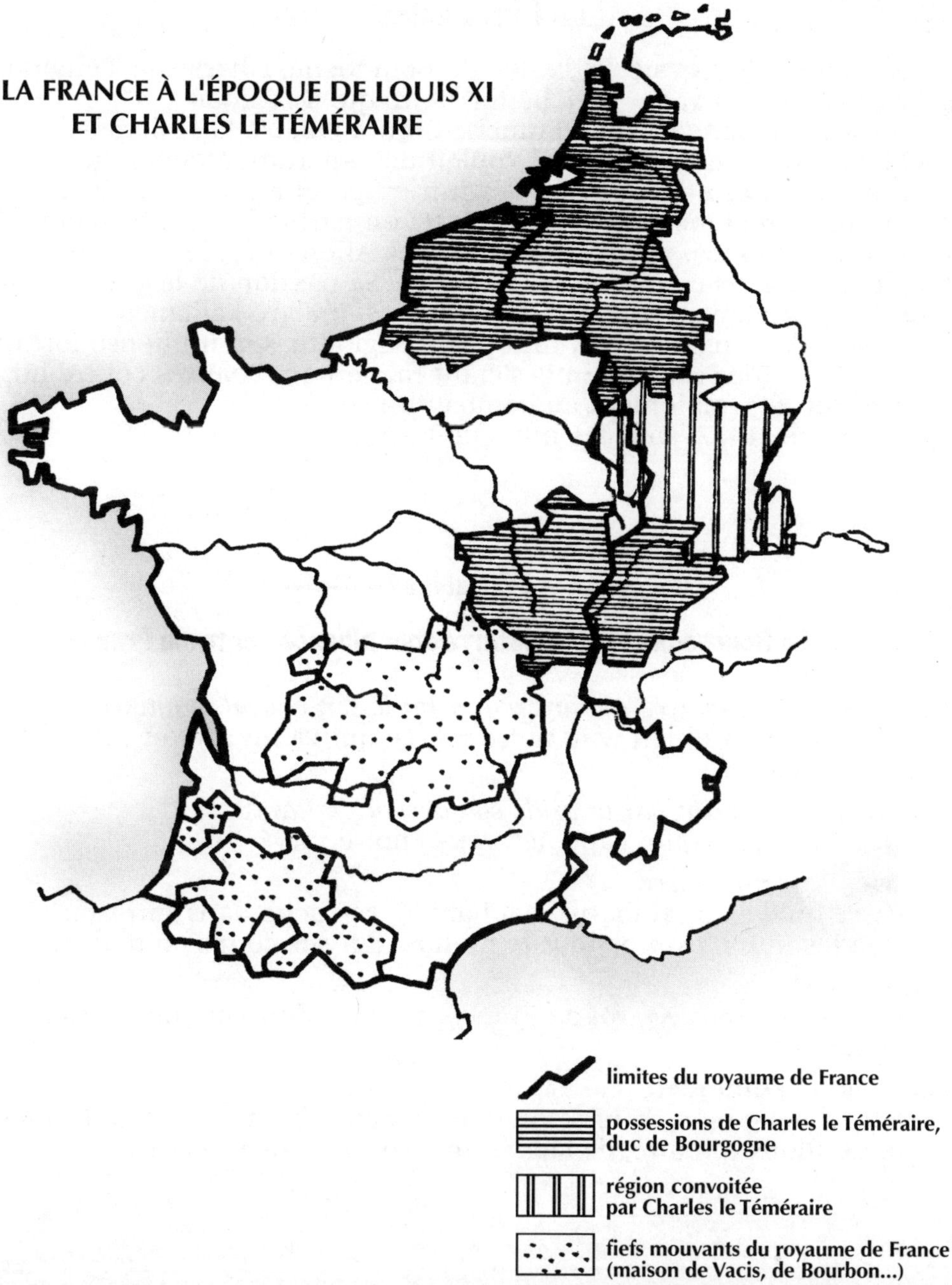

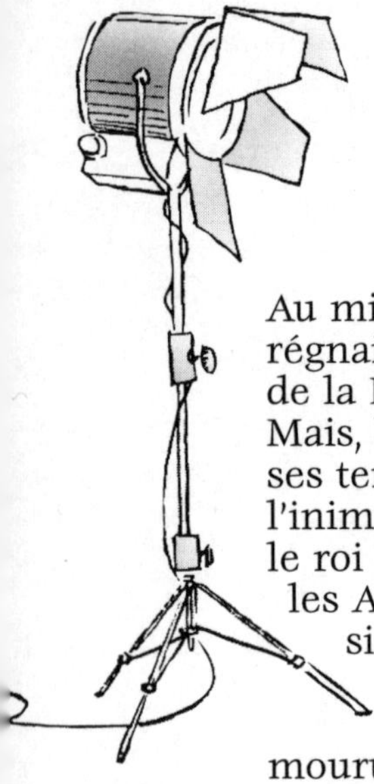

Charles le Téméraire ou l'homme qui aimait la guerre

de Michel Fustier

Introduction

Au milieu du XVe siècle, le duc de Bourgogne, Charles le Téméraire, régnait sur un vaste et riche territoire qui s'étendait de la Bourgogne et de la Franche-Comté jusqu'à la Hollande. Mais, bien que très riche, il voulait désespérément agrandir ses territoires et si possible devenir empereur. Il s'attira ainsi l'inimitié de tous ses voisins. Il lutta en particulier contre Louis XI, le roi de France, mais aussi contre les Allemands, les Lorrains, les Alsaciens et surtout les Suisses... Sa passion de la guerre était si forte qu'en une dizaine d'années, malgré l'alliance de l'Angleterre, il finit par y engloutir son immense fortune. Tous ses ennemis s'étant finalement coalisés contre lui, il mourut misérablement au combat, un soir de janvier 1477, sous les murs de Nancy.

1er tableau

La Bourgogne et l'Angleterre font alliance contre la France

Charles le Téméraire *(tenant par la bride son cheval piaffant).*
Ah! ah!... Il va bien voir, notre rat, ce qui va lui arriver : il va être pris au piège.

Édouard IV *(tenant par la bride son cheval piaffant).*
Oui, mais pourquoi l'appelez-vous « notre rat » ?

Charles le Téméraire
Parce qu'il est mal foutu, mal habillé, se cache dans son trou, rase les murs, trompe tout le monde, fait ses coups en douce...

Édouard IV
Un rat! Si Louis XI, roi de France, savait comment vous parlez de lui!

Charles le Téméraire
Il se moque bien de la façon dont je parle de lui : mais de ce que nous allons lui faire, de cela, non, il ne s'en moquera pas.

Édouard IV
Notre alliance est donc conclue ?

Charles le Téméraire
Elle l'est, cher beau-frère. *(Il monte à cheval.)*

Le cheval 1
Houimpf...

Charles le Téméraire
Le royaume de France sera pris en tenailles entre vous, Édouard IV, roi d'Angleterre et moi, Charles le Téméraire, duc de Bourgogne.

Édouard IV
Oui, de par Dieu, cela sera. *(Il monte à cheval.)*

Le cheval 2
Houimpf...

Édouard IV
Nous allons serrer Louis à la gorge jusqu'à ce qu'il finisse par céder...

Charles le Téméraire
C'est-à-dire jusqu'à ce que vous, qui êtes déjà roi d'Angleterre, vous soyez légitimement couronné roi de France à Reims...

Édouard IV
Et jusqu'à ce que vous, qui les méritez, vous ayez reçu les provinces qui vous manquent pour que votre duché de Bourgogne devienne un vrai royaume.

Charles le Téméraire
Affaire faite, roi Édouard. Vous l'attaquez par la mer en même temps que moi je l'attaque par l'intérieur des terres.

Édouard IV
Affaire faite, duc Charles. J'entends déjà la mâchoire du piège qui lui claque sur les os.

Ils sortent chacun de leur côté au grand galop.

2e tableau

Mais Charles le Téméraire n'est pas au rendez-vous

Marguerite de Bourgogne *(assise, occupée à broder et s'adressant au public).*
Je suis la sœur du roi d'Angleterre et la femme du duc de Bourgogne... Vous venez de les entendre tous les deux conspirer

contre le roi de France. Depuis cet entretien, un an s'est écoulé... *(Elle écoute.)* Mais quelqu'un est en train de monter l'escalier : je parie que c'est un ambassadeur de mon frère qui vient me demander pourquoi mon mari ne se trouve pas au rendez-vous.

L'ambassadeur anglais
Madame la duchesse de Bourgogne, pourquoi votre mari ne se trouve-t-il pas au rendez-vous ?

Marguerite de Bourgogne *(au public).*
Qu'est-ce que je vous disais ! *(Au messager.)* Mon pauvre monsieur, que voulez-vous que je vous réponde : je n'ai moi-même pas vu mon mari depuis dix-huit mois.

L'ambassadeur anglais
Mais où est-il donc ?

Marguerite de Bourgogne
Quelque part en Allemagne en train de faire la guerre aux Allemands, à ce qu'on dit.

L'ambassadeur anglais
C'est très ennuyeux pour nous autres Anglais, qui venons de débarquer et voulons faire la guerre aux Français.

Marguerite de Bourgogne
Je suis confuse. Mais comprenez-nous. Nous sommes dans une situation difficile car ça n'est pas commode d'avoir un très grand appartement : on ne se rencontre plus ! Nous avons des terres en Bourgogne, naturellement, mais aussi des terres en Flandre : et de Dijon à Bruxelles, où vous êtes venu me trouver, cela fait un bout de chemin, surtout quand il faut passer par Strasbourg. De toute façon, il nous manque l'Alsace et la Lorraine : c'est pour ça qu'il se bat avec les Allemands. D'ailleurs, il adore se battre... Encore une fois, je suis confuse : il aura été retardé... La guerre, vous savez !

L'ambassadeur anglais
Je sais. Que dirai-je à mon maître, votre frère, le roi d'Angleterre ?

Marguerite de Bourgogne
Que, s'il a des nouvelles de mon mari, il me le fasse savoir.

L'ambassadeur anglais
Nous n'y manquerons pas.

3e tableau

Le roi de France en profite pour acheter les armées du roi d'Angleterre

Louis XI
Mon cher cousin Édouard...

Édouard IV
Quel honneur me fait le roi de France ! *(Au public.)* Mon Dieu, c'est le rat ! *(À Louis.)* Et quelle surprise... Ce n'est pas vous que j'attendais, mais soyez le bienvenu, cousin Louis.

Louis XI
Noble lion d'Angleterre, j'ai eu tout à coup envie de parler avec vous...

Édouard IV
Vraiment ! Pour tout dire, Charles le Téméraire et moi, nous vous avons mijoté une bonne petite guerre dont vous n'allez pas vous tirer.

Louis XI
Je sais, je sais, vous êtes bien aimable. Mais vous voyez bien : le Téméraire n'est pas venu. Je suis navré pour vous.

Édouard IV
Cela ne fait rien : je vais me battre tout seul. J'ai une armée et un matériel absolument fantastique... J'ai apporté tout ça d'Angleterre. Vous voulez que je vous montre ?...

Louis XI
Volontiers, j'adore avoir peur... *(Il regarde au loin.)* C'est impressionnant. Tant d'archers, tant de chevaliers, tant de canons... Malheureusement, moi, je n'aime pas la guerre et je n'ai pas envie de me battre.

Édouard IV
Comment cela ? Vous me refusez ma bonne guerre ?

Louis XI
Oui, je ne suis pas comme le Téméraire et je n'aime pas la vue du sang.

Édouard IV
Mais alors, mes soldats, tout mon beau matériel... à quoi est-ce qu'ils vont me servir ? J'ai eu des frais.

Louis XI
Vous avez eu des frais ! Si c'est ça, j'ai une proposition à vous faire : je vous achète le tout. Ça me coûtera bien moins cher que de faire une guerre !

Édouard IV
Vous me l'achetez, comme ça ?

Louis XI
Oui, mais à une condition : c'est que vous me rembarquiez tout votre bazar illico pour l'Angleterre.

Édouard IV
Ce serait avantageux : pas de guerre et de l'argent. Et combien me l'achèteriez-vous ?

Louis XI
Soixante-quinze mille écus. *(Il tend sa bourse.)*

Édouard IV
C'est une somme considérable : vous me tentez !

Louis XI
Je l'espère bien. Et pour que vous ne reveniez plus jamais, j'y ajoute une rente annuelle de cinquante mille écus aussi longtemps que vous resterez chez vous.

Édouard IV
Ah ! Bigre... Ca n'est pas très glorieux, on va me prendre pour un couard mais... J'accepte. Honni soit qui mal y pense ! J'accepte... *(Il prend la bourse de Louis.)* Merci, encore merci. Je pars tout de suite...

Louis XI
Je vais surveiller ça de loin.

4e tableau

Dans la foulée, Louis XI achète aussi les Suisses pour qu'ils se battent contre le Téméraire

Charles le Téméraire
Ce qu'il y a d'ennuyeux, avec Louis, c'est qu'il achète tout le monde. Je ne sais pas où il trouve tout cet argent : moi, qui ai

pour sujets de très prospères marchands flamands et bourguignons et qui suis de ce fait le prince le plus riche de la chrétienté, je ne pourrais pas en faire autant... En tout cas, vous avez vu comment il a manœuvré les Anglais pour qu'ils retournent en Angleterre ! Et pour venir à bout de moi, dont il a juré la perte, non seulement il me sépare de mes alliés, mais il verse aussi à mes ennemis des sommes considérables, afin qu'ils me fassent des guerres enragées. Et il graisse particulièrement la patte aux Suisses, qui aiment beaucoup l'argent, car ils sont bien, eux, dans leurs montagnes, les plus pauvres ploucs de la chrétienté... d'ailleurs à moitié sauvages, de vraies bêtes. Et justement, ils viennent de me faire en Franche-Comté une ignoble razzia... Mais regardez-les.

5e tableau

Les Suisses ont de très longues lances

Le capitaine suisse

Allons, allons, à l'exercice. Laissez vos vaches, vos charrues et vos femmes et venez vous entraîner pour la noble guerre que nous menons contre le duc Charles de Bourgogne, dit « le Téméraire », qui menace nos libertés... Et n'oubliez pas d'amener avec vous ces longues lances qui font de l'armée suisse l'armée la plus efficace du monde.

Les six soldats suisses *(quatre d'entre eux entrent avec des tringles à rideaux et deux avec ce qui pourrait figurer des hallebardes).*

Nous voici !

Le capitaine suisse

Les rois et les princes d'Europe, qui ont des armées de mercenaires, peuvent tout au plus rassembler et armer quinze à vingt mille hommes : mais nous, les Suisses, qui sommes des citoyens soldats, nous pourrions, si nous le voulions en aligner quatre-vingt mille en quinze jours. Nous ne craignons personne. Ce sont nos montagnes que nous défendons...

Les six soldats suisses

Nous serons bien payés, en plus ?

Le capitaine suisse

Grassement, avec l'argent de Louis. Garde à vous ! *(Il emprunte une tringle à rideaux à l'un des Suisses et parle au public.)* Vous vous imaginez que ce sont de simples tringles à rideaux... Regardez de plus près : ce sont de longues et lourdes lances qui mesurent six mètres de long. Six mètres, cela fait un, deux, trois, quatre, cinq, six... *(Il fait six grands pas sur la scène.)* Vous vous rendez compte ! Pour les manier, il faut de véritables athlètes... Hommage à nos solides montagnards ! Et lorsqu'ils se forment en carrés hérissés de tous côtés de ces longues lances, ils repoussent tous les assauts, et s'ils se mettent en marche, ils dévastent tout sur leur passage...

Les six soldats suisses
Rien ne nous résiste et nous résistons à tout !

Le capitaine suisse
Allons, allons, mettez-vous en position et montrez à ces messieurs dames comment vous faites. *(Ils se rangent en trois rangs de deux.)* Le premier rang, un genou en terre, l'arrière de la lance fiché dans le sol, la pointe dressée vers l'ennemi ; le deuxième rang avec les lances horizontales venant s'appuyer sur les épaules du premier rang ; et le troisième rang, ce sont les hallebardiers... Très bien. Supposez que je sois un chevalier ennemi : je charge et je viens m'empaler sur vos longues lances. *(Il fait une démonstration.)* Naturellement, moi, je m'arrête à temps pour ne pas être transpercé. Mais au combat, les ennemis ne s'arrêtent pas et on les embroche comme des croûtons sur une fourchette à fondue. Et si l'un d'entre eux venait à passer, il serait immédiatement haché menu par les hallebardiers qui sont au centre du carré... Vous avez compris ? Fort bien ! Maintenant, en route pour le champ de manœuvre. En avant, marche.

6e tableau

Les Suisses font subir à Charles le Téméraire une première défaite à Grandson

Le messager 1
Nous avons de bonnes nouvelles.

Louis XI
Dites-moi vite ça.

Le messager 1
L'argent dont vous avez couvert les Suisses...

Louis XI
Tu veux dire : l'or dont je les ai inondés !

Le messager 1
Oui, l'or, l'or dont vous les avez inondés, l'or a donc porté ses fruits et, en deux coups de cuillère à pot, les carrés suisses ont écrasé le duc de Bourgogne, votre mortel ennemi.

Louis XI
Ah! ah!... Donnez-moi des détails.

Le messager 1
Premier coup de cuillère à pot : récit imagé de la bataille de Grandson.

Louis XI
De la bataille de quoi?

Le messager 1
De Grandson.

Louis XI
C'est la première fois que j'entends ce nom.

Le messager 1
Ce ne sera pas la dernière. À toi de raconter.

Le messager 2
Donc, Grandson est une petite ville située à côté du lac de Neuchâtel. Le duc est arrivé là avec une immense et riche armée. Il a pris la ville sans trop de mal et il en a fait pendre tous les défenseurs : comme ça, cinq cents – ils étaient! Ensuite, l'arme à la bretelle, tranquillement, il s'est avancé le long du lac pour régler son compte au gros de l'armée suisse qui marchait sur lui. Mais il s'est laissé surprendre, ses canons ont tiré trop haut, les Suisses ont sonné de leurs terribles trompes à bestiaux, puis les longues lances ont chargé, de face, de trois quart et de côté et, en moins de temps qu'il n'en faut pour le dire, elles ont mis en déroute la belle armée bourguignonne qui a fui de tous les côtés. Pas trop de pertes de soldats, mais quelle perte de prestige!

Louis XI
Et qu'a fait le duc?

Le messager 2
Il était absolument furieux : d'autant plus que les Suisses ont complètement pillé son camp, où il avait laissé toutes ses richesses... Mais voyez plutôt...

Charles le Téméraire *(entrant subitement, hagard).*
Je veux tirer des Suisses une vengeance éclatante. Ils ne m'ont pas battu : Grandson n'était qu'une escarmouche. Mais ils ont osé m'enlever mes trésors. Le temps de reconstituer mon armée et je reviens. Je veux tirer des Suisses une vengeance éclatante... *(Il sort.)*

7e tableau

Charles le Téméraire est défait par les Suisses une seconde fois à Morat

Louis XI
Ça lui ressemble tout à fait : il ne sait pas se dominer. Alors ?

Le messager 1
Alors il est revenu. Second coup de cuillère à pot : récit imagé de la bataille de Morat.

Louis XI
C'est la première fois aussi que j'entends ce nom.

Le messager 1
Celui-là deviendra encore plus célèbre. À toi maintenant de raconter.

Le messager 3
Donc, Charles veut se venger : il marche sur Berne. En route, et encore une fois sur le bord d'un lac, il donne l'assaut à la petite ville de Morat, qui cette fois résiste... *(Au public.)*
Entre parenthèses, la petite ville de Morat existe encore, telle qu'elle était, avec ses remparts et tout, et si vous voulez la visiter, les Suisses seront très contents de vous la montrer ! *(À Louis.)* Morat résiste donc : les gens de Morat n'ont pas envie d'être pendus. Et pendant qu'ils se défendent, même schéma, l'armée suisse déboule le long du lac. Charles se prépare au combat : mais comme les Suisses, rusés, se sont cachés dans les bois avoisinants et ne bougent plus, pas même une oreille, Charles dit : « Ca n'est pas pour aujourd'hui, allons déjeuner. »
Et pendant qu'ils déjeunent, les longues lances sortent des bois et chargent encore une fois en beuglant dans leurs trompes. Cette fois, les Bourguignons ne peuvent pas s'enfuir et c'est un massacre... La moitié de l'armée de Charles reste sur le terrain. Le désastre !

Louis XI
Et Charles ?

Le messager 3
Il a sauvé sa peau et avec quelques survivants, il s'est réfugié au château de La Rivière, dans le Jura. On dit qu'il boit et qu'il est devenu complètement fou. Il a les yeux injectés de sang ! Encore une fois, il veut se refaire une armée... Regardez.

Charles le Téméraire *(entrant subitement, ivre et encore plus hagard que la première fois).*
Je veux tirer des Suisses une vengeance éclatante. Ils ne m'ont pas battu : Morat n'était qu'un accident. Ce sont des bêtes brutes. Ils ne sont pas dignes d'un chevalier comme moi. Attendez-moi là ! Je veux tirer des Suisses une vengeance éclatante...

8e tableau

Découragés, les soldats de Charles le Téméraire l'abandonnent

Le capitaine de Campobasso
Monseigneur, vous n'êtes pas raisonnable.

Charles le Téméraire
Je veux tirer des Suisses une vengeance éclatante...

Le capitaine de Campobasso
Oui, je sais, vous êtes obsédé. À votre place, je resterais tranquille : mais puisque vous y tenez tant, vous feriez mieux de remettre ça à plus tard et de vous replier.

Charles le Téméraire
Lever le siège de Nancy, qui me nargue ?

Le capitaine de Campobasso
Oui, repliez-vous sur le Luxembourg, où vous avez votre trésor de guerre et attendez-y la fin de l'hiver. Vous trouvez que vous ne vous êtes pas fait assez étrillé à Grandson et à Morat ?...

Charles le Téméraire
Silence là-dessus. Je veux tirer des Suisses une vengeance éclatante !

Le capitaine de Campobasso
Assez ! Il fait très froid : si vous vous retirez, vos ennemis se disperseront tout seuls, ils n'aiment pas les engelures.

Charles le Téméraire
Non, je veux le combat et tout de suite. Un vrai chevalier ne se replie pas...

Le capitaine de Campobasso
Vous êtes fou : vous serez pris entre les défenseurs de Nancy

et tous ceux qui viennent à leur secours : les Alsaciens, les Allemands, les Suisses surtout... Que de monde !

Charles le Téméraire
Plus la cause est désespérée, plus je la crois noble.

Le capitaine de Campobasso
Monseigneur, si vous persistez, moi et mes mercenaires italiens, nous allons vous trahir...

Charles le Téméraire
Je le sais, tu as déjà commencé, Campobasso, et pour cela tu as reçu l'or du roi de France. Va, trahis-moi...

Le capitaine de Campobasso
Nous voulons bien nous battre : mais seulement quand nous sommes sûrs de remporter la victoire.

Charles le Téméraire
Campobasso, n'as-tu plus confiance en moi ?

Le capitaine de Campobasso *(un temps).*
Décidément non, monseigneur... Adieu ! *(Il sort.)*

9e tableau

Charles se prépare à mourir sous les murs de Nancy

Marie de Bourgogne
Eh bien, Père, puisque vous avez décidé de mourir, il faut vous y préparer.

Charles le Téméraire
Marie, ma petite fille bien-aimée, que c'est bon de te trouver là !

Marie de Bourgogne
Il n'est plus temps de s'attendrir. Je vais vous aider à vous armer pour le dernier combat... Ne voulez-vous pas vous confesser ?

Charles le Téméraire
Je l'ai déjà fait... Demande seulement à mon aumônier de me lire ces quelques pages de l'*Imitation de Jésus-Christ*, que j'aime tant...

L'aumônier
Bien volontiers...

Marie de Bourgogne
Pendant qu'il cherche dans son livre, mettez votre chemise de laine : il fera si froid demain sur le champ de bataille...

Dans la suite de la scène, qui sera jouée très lentement, en laissant toute leur place aux actions matérielles, Marie mettra tendrement à Charles ses vêtements : son chandail, ses chaussettes et ses souliers, puis son manteau et son chapeau…

L'aumônier
Voilà : « Ô Jésus, afin d'être délié des liens du péché, l'homme souhaite que la mort arrive. »

Charles le Téméraire
Oh, oui. Si vous saviez combien je le souhaite !

Marie de Bourgogne
Maintenant, vos jambières de fer et vos chaussures…

Charles le Téméraire
Attention, j'ai un ongle incarné qui me fait souffrir !

L'aumônier
« Si aujourd'hui vous n'êtes pas prêt, le serez-vous demain ? »

Charles le Téméraire
Hélas, de toute façon, nous sommes déjà demain… Aïe !

Marie de Bourgogne
Votre armure, maintenant.

Charles le Téméraire
Aide-moi… La manche, là, regarde.

l'aumônier
« S'il est terrible de mourir, n'est-il pas plus dangereux de vivre ? »

Charles le Téméraire
Il est toujours dangereux de vivre… J'en sais quelque chose.

Marie de Bourgogne
Votre casque, maintenant…

Charles le Téméraire
Oui, donne-le moi… *(Il le laisse échapper.)*

Marie de Bourgogne
Cela n'est pas de bon augure !

Charles le Téméraire
Nous n'en sommes plus là. Ramasse-le moi, je ne peux pas me baisser…

L'aumônier
« Il vaut mieux éviter le péché plutôt que fuir la mort. Si vous avez une bonne conscience, vous ne devez pas craindre la mort. »

Charles le Téméraire

J'ai une très bonne conscience. C'est ce que j'ai de meilleur.

Marie de Bourgogne

À votre main enfin, je passe cet anneau : il permettra d'identifier votre cadavre, lorsqu'on le trouvera enseveli sous la neige et à moitié dévoré par les loups.

Charles le Téméraire

Ah, parce que c'est de cette façon que cela doit se terminer ! *(Silence.)* Les Suisses, avec leurs longues lances... Oui, à la fin, c'est le rat qui a gagné ! Et toi, Marie, qu'est-ce que tu vas devenir ?

Marie de Bourgogne

La fille d'un vaincu ne choisit pas son sort. Allez, maintenant...

L'aumônier

« Allez et vous recevrez enfin cette paix solide.
Cette paix inaltérable et assurée, cette paix
Au-dedans et au-dehors, cette paix
Raffermie de toutes parts... »

Charles le Téméraire

Adieu, ma petite fille. À toi de vivre, maintenant.

Rideau

6 PERSONNAGES	1 COMMENTATEUR
• le marin 1 • l'aubergiste • Christophe Colomb • Vasco de Gama • le marin 2 • Jacques Cartier • des marins attablés	• un marin

Les grands navigateurs

À savoir pour mieux comprendre

Turcs : après la prise de Constantinople (aujourd'hui Istanbul) par les Turcs en 1453, la route des Indes était devenue particulièrement périlleuse pour tout navire s'aventurant en Méditerranée.

Accessoires et costumes

On pourra reconnaître aux détails des costumes qu'il s'agit de marins et que nous sommes dans un port français.
Tables et chaises ou bancs en quantité suffisante pour suggérer le décor intérieur d'une auberge.
Vêtements de marins (bonnets, marinières, etc.) pour les marins.
On se reportera à des gravures, portraits d'époque ou à l'illustration p. 71 pour trouver ou fabriquer les chapeaux et costumes de Christophe Colomb, Vasco de Gama et Jacques Cartier afin de bien les différencier des autres marins.

Conseils de mise en scène

Le commentateur lira l'introduction. Les personnages de la pièce étant clairement identifiés, il est inutile de les présenter. Toutefois, on veillera à camper le décor (lieu et époque) en faisant traverser la scène par un marin porteur d'un écriteau indiquant «Saint-Malo 1505» à l'entrée du 1er tableau et «Saint-Malo 1535» au début du 2e tableau.

On pourra terminer la pièce par une chanson de marins entonnée par les clients de l'auberge (*Hisse et Ho* par exemple).

LES VOYAGES DE CHRISTOPHE COLOMB, VASCO DE GAMA, MAGELLAN ET JACQUES CARTIER

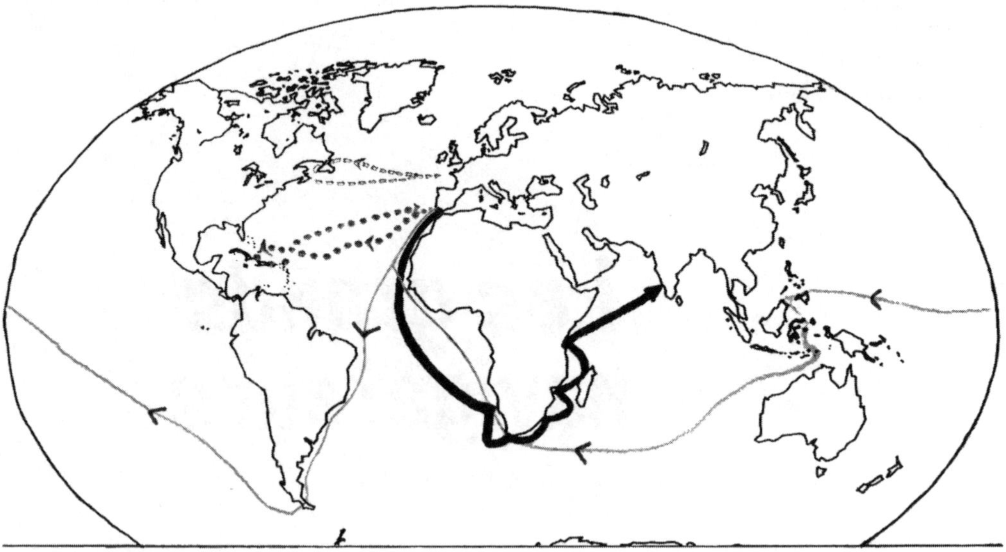

- Voyage de Jacques Cartier (1534-1535)
- Le premier voyage de Christophe Colomb (1492)
- Voyage de Magellan (1519-1521)
- Voyage de Vasco de Gama (1497)

LE MONDE TEL QU'ON LE VOYAIT EN 1492

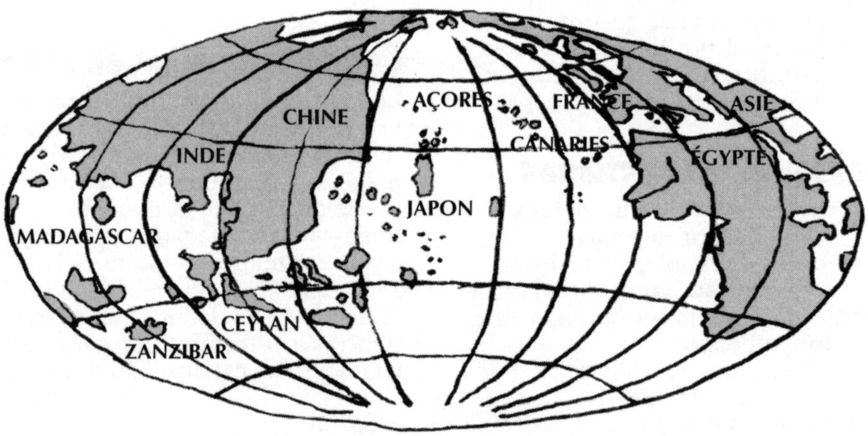

(d'après le globe terrestre de Martin Behaim)

Les grands navigateurs

de François Fontaine

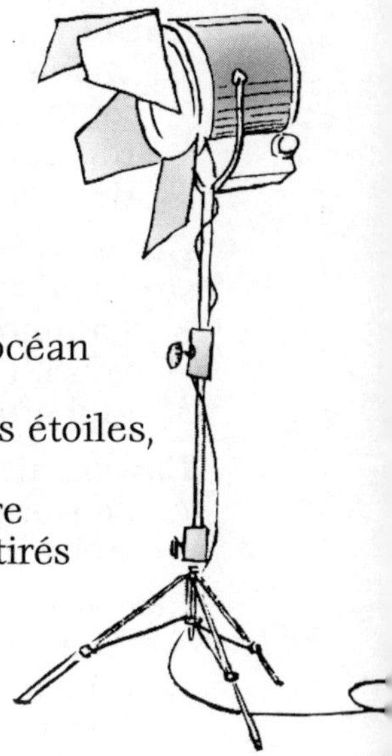

Introduction

À la fin du Moyen Âge, les Européens connaissaient parfaitement le pourtour de la Méditerranée. Ils faisaient également du commerce avec l'Asie. La navigation sur l'océan Atlantique se développait.

Au XVIe siècle, l'invention de la boussole, l'observation des étoiles, la mise au point des cartes plus précises ont permis d'entreprendre des voyages lointains. Un esprit d'aventure a aussi poussé les nobles à les financer. Certains étaient attirés par le commerce, l'or ou voulaient convertir de nouvelles populations au christianisme.

1er tableau

La scène se passe dans une auberge en 1505. L'aubergiste s'affaire derrière son comptoir. Plusieurs tables sont occupées. L'un des clients est Vasco de Gama (il se distingue des autres par son costume). Lorsque la scène débute, chacun bavarde tranquillement. Un marin traverse la salle avec un panneau indiquant : «Saint-Malo, 1505».
Entre Christophe Colomb, accompagné d'un marin. Ils vont s'asseoir à une table restée libre.

Le marin 1 *(visiblement fier d'être le compagnon de table de Christophe Colomb).*
Holà ! Aubergiste ! Apporte-nous une bolée de ton meilleur cidre. C'est un grand navigateur qui vient boire chez toi !

L'aubergiste
Bah ! Des navigateurs, j'en vois tous les jours...

Le marin 1 *(désignant son compagnon).*
Certainement ! Mais aujourd'hui, c'est Christophe Colomb en personne que tu as l'honneur d'accueillir !

L'aubergiste *(déposant deux bols sur la table des nouveaux venus).*
Ainsi, c'est toi le fameux Christophe Colomb ?

Christophe Colomb
C'est bien moi, en effet. Christophe Colomb, natif de Gênes, au service du roi d'Espagne.

L'aubergiste *(riant).*
Diable ! De Gênes à Saint-Malo, tu as fait un bien long détour pour venir boire chez moi ! À moins qu'une fois encore, en cherchant ton chemin pour les Indes, tu n'aies été porté ici que par le hasard des courants !

Christophe Colomb *(arrêtant les rires des clients en frappant du poing sur la table).*
La moquerie est facile à qui n'a jamais quitté la terre ! J'aurais voulu t'y voir ! Sais-tu seulement dans quelles conditions je me suis embarqué ?

L'aubergiste *(hésitant).*
Je sais... Je sais... que tu cherchais les Indes et que tu ne les as pas trouvées.

Christophe Colomb
Âne bâté ! Je ne cherchais pas les Indes ! Tout le monde en connaissait déjà le chemin ! Mais... par la terre... Par la terre, vois-tu : des semaines de marche vers le levant, les chevaux qui tombent d'épuisement ou de colique, la maladie, les accidents... sans compter les mauvaises rencontres que l'on peut faire en chemin. Et tous ceux qui ont eu la chance d'en revenir ont fait le même récit. Les Indes sont bordées au sud et à l'est par l'Océan. L'Océan à perte de vue. C'est ce qui m'a donné l'idée de tenter de rejoindre les Indes par bateau.

L'aubergiste
Et alors ! Pourquoi risquer ta vie et celle de ton équipage en mettant cap à l'ouest si tu cherchais à atteindre les Indes qui se trouvent à l'est ?

Christophe Colomb
Parce qu'à en croire toutes les cartes d'époque, je te parle de l'an 1492, ignorant, les terres connues constituaient un immense et unique continent au cœur duquel se trouvait une mer intérieure : la Méditerranée. Évidemment, vous autres Malouins, la Méditerranée, vous ne connaissez pas !

L'aubergiste
Chacun son métier. Moi, je sers du cidre à mes clients, toi, tu navigues.

Christophe Colomb
Tu as raison. Mais vois-tu, cet immense continent sur lequel nous nous trouvons est entouré d'océans. La terre étant ronde, en partant cap à l'ouest, je devais fatalement, tu m'entends, fatalement, rejoindre les Indes en poursuivant ma route.

L'aubergiste
Je connais la suite ! Tout le monde en a suffisamment parlé ! Tu as convaincu les souverains d'Espagne pour qu'ils financent ton expédition...

Christophe Colomb *(lui coupant la parole).*
Et quelle expédition ! Pas moins de trois navires : la *Niña*, la *Pinta* et la *Santa Maria*. Nous sommes partis le 3 août 1492. Plus de deux mois en mer sans voir autre chose que l'horizon. Il fallait le faire, crois-moi. Sans compter les équipages qui voulaient rebrousser chemin !

L'aubergiste
Je les comprends ! Il fallait plus que de l'audace pour tenter une pareille aventure. En tout cas, tu n'as pas atteint les Indes, comme tu l'escomptais.

Christophe Colomb
Non, mais j'ai découvert un nouveau monde : Cuba, Haïti, où mon frère a fondé Saint-Domingue, les Antilles et la côte d'un gigantesque continent inconnu. Cela valait la peine, non ?

L'aubergiste *(évasif).*
Si tu le dis...

Christophe Colomb *(se laissant aller à la rêverie).*
Quatre voyages. À chaque fois, je suis allé plus loin : Hispaniola, Dominique, la Guadeloupe, Antigoa, les Îles sous le Vent...

L'aubergiste *(allant vers la table où est assis Vasco de Gama et le prenant à témoin).*
Et tout cela pour quoi ? Je vous demande un peu. On dit qu'il est maintenant tombé en disgrâce. Le roi d'Espagne lui a coupé les vivres. J'aurai de la chance s'il paie seulement le cidre qu'il vient de boire !

Vasco de Gama *(se levant et saisissant l'aubergiste par le col).*
S'il ne te paie pas, je serai fier de payer pour lui. Nous autres navigateurs, nous lui devons bien cela. Il nous a montré le chemin et ses cartes sont aujourd'hui les meilleures que l'on puisse trouver.

L'aubergiste *(que Vasco de Gama vient de relâcher avant de se rasseoir).*
Et qui es-tu pour parler ainsi ?

Vasco de Gama *(fièrement et à la cantonade).*
Vasco de Gama ! Portugais et navigateur de mon état ! Comme ces maudits Turcs m'empêchaient tout accès par la Méditerranée, il fallait bien trouver une autre route !

L'aubergiste
Et pour aller où ?

Vasco de Gama
Aux Indes, pauvre nigaud ! Aux Indes ! N'as-tu donc pas encore compris ? Les épices, les plus beaux tissus et toutes sortes de merveilles nous attendent aux Indes. Et ce ne sont pas des choses que l'on rapporte à dos de mulet mais à pleins navires !

L'aubergiste *(le resservant).*
Bigre ! Le jeu en vaut donc la chandelle.

Vasco de Gama
Tu parles ! Écoute-moi. Je suis parti en 1497, il y a huit ans ce mois-ci. J'ai laissé la route de l'Ouest à Christophe. Il rentrait de son deuxième voyage et en préparait déjà un troisième. J'ai filé droit au Sud. Nous avons franchi l'équateur et longé les côtes d'Afrique pendant des semaines. La température baissait chaque jour. Un beau matin, je ne l'oublierai jamais, la vigie se mit à hurler : « Le soleil se lève en mer ! Le soleil se lève en mer ! »

L'aubergiste
Qu'est-ce qu'il voulait dire ?

Vasco de Gama
Il voulait dire que nous avions gagné ! Depuis des semaines, nous voyions le soleil se lever derrière la terre d'Afrique et tout à coup, il nous apparaissait au-dessus de l'eau. La voie était libre vers l'est ! Tous les espoirs nous étaient permis ! D'ailleurs, nous avons nommé ce passage le cap de Bonne-Espérance.

L'aubergiste
Et vous avez atteint les Indes ?

Vasco de Gama
Bien sûr ! Il nous suffisait de remonter vers le nord en serrant près des côtes pour y arriver. *(Il éclate de rire, aussitôt imité par les marins qui sont à sa table.)* Si nous avons atteint les Indes ? Sache, aubergiste, que j'en suis maintenant vice-roi !

L'aubergiste *(admiratif).*
Vice-roi des Indes ? Fichtre !

Vasco de Gama
Rien de moins. Et… ne ris plus de Christophe Colomb. Il est, lui, vice-roi des Antilles.

L'aubergiste
Deux vice-rois chez moi ! Par ma foi, l'occasion est trop belle. Garçon, remplis les verres, c'est moi qui régale !

Les marins attablés *(ensemble).*
Vive Christophe Colomb ! Vive Vasco de Gama !

Les acteurs se figent et demeurent immobiles. Seuls Christophe Colomb et Vasco de Gama quittent la scène.

2e tableau

Pendant que les acteurs sont restés figés, un marin a traversé la scène avec un panneau indiquant : « Saint-Malo, 1535 ». La scène s'anime avec l'entrée de Jacques Cartier accompagné d'un marin.

Le marin 2 *(s'asseyant à une table restée libre avec Jacques Cartier).*
Holà ! Aubergiste ! Apporte-nous une bolée de ton meilleur cidre. C'est un grand navigateur qui vient boire chez toi !

L'aubergiste
Tu ne m'impressionnes pas, marin. J'ai déjà étanché la soif des plus grands. Christophe Colomb et Vasco de Gama en personne sont venus ici. Et le même soir. C'était il y a trente ans mais je m'en souviens comme si c'était hier !

Jacques Cartier
Christophe Colomb et Vasco de Gama ! Nous trinquerons à leur mémoire puisque Dieu les a rappelés à lui. Mais nous boirons d'abord à la mémoire du plus grand de tous.

L'aubergiste
Et qui nommes-tu ainsi le plus grand de tous ?

Jacques Cartier *(avec force pour être entendu de tous).*
Fernand de Magellan, le Portugais. Le premier a avoir trouvé un passage qui permette de réaliser le projet de Christophe Colomb : rallier les Indes en navigant vers l'ouest !

L'aubergiste
Alors c'était possible ?

Jacques Cartier
Bien sûr que c'était possible ! Ces sacrés Portugais ! Ils ont toujours été les premiers à nous montrer le chemin : Vasco de Gama vers l'est et Magellan vers l'ouest. À chaque fois la même idée. À chaque fois le même entêtement : on pique droit au sud et on continue jusqu'à ce que l'on trouve ! Et ils ont trouvé, les renards ! Le cap de Bonne-Espérance pour Vasco de Gama et pour Magellan, le détroit qui porte désormais son nom.

L'aubergiste
Le détroit de Magellan ?

Jacques Cartier
Exactement ! Un chenal qui contourne par le sud les terres qui avaient barré la route à Christophe Colomb.

L'aubergiste
Je suppose que lui aussi, il est devenu vice-roi de quelque part.

Jacques Cartier *(tristement).*
Hélas non ! Il n'a même pas pu achever le tour du monde qu'il avait entrepris. Il est mort en cours de route, aux Philippines, en avril 1521. C'est Sebastian d'El Cano, un de ses lieutenants, qui a réussi à ramener jusqu'en Espagne le dernier vaisseau de la flottille que Magellan commandait.

L'aubergiste
Et pourquoi l'Espagne ? Pourquoi pas le Portugal ?

Jacques Cartier
Parce que Magellan naviguait pour le compte de Charles Quint, roi d'Espagne et de Sicile.

L'aubergiste
Et toi, pour le compte de quel roi navigues-tu ?

Jacques Cartier
Pour le compte de notre bon roi François, premier du nom. J'ai le grand honneur d'avoir été chargé par lui de tenter par le nord ce que Magellan a réussi par le sud.

L'aubergiste
Tu vas essayer de contourner les Amériques pour atteindre l'océan Pacifique en passant par le nord ?

Jacques Cartier
J'ai déjà essayé l'an passé. Je n'ai pas réussi mais j'ai pris pied sur une grande île que j'ai nommée Terre Neuve.

L'aubergiste
Le royaume de France compte donc une île de plus depuis 1534, et ceci grâce à toi.

Jacques Cartier
Et ce n'est pas tout ! Au cours du même voyage, j'ai planté une croix sur le rivage d'un immense territoire dont j'ai pris possession au nom de François Ier, roi de France.

L'aubergiste
Et quel nom as-tu donné à ce nouveau territoire ?

Jacques Cartier *(enthousiaste).*
La Nouvelle France ! Pour notre roi, je ne pouvais pas faire moins ! Je suis sûr que des richesses fabuleuses nous y attendent. Je prépare une nouvelle expédition. Nous quittons Saint-Malo le mois prochain. Il me tarde d'explorer le fleuve dont j'ai aperçu l'embouchure l'an dernier.

L'aubergiste

Audacieux et bouillant d'impatience ! Voilà bien l'esprit des gars de Saint-Malo ! Comment t'appelles-tu, l'ami ?

Jacques Cartier

Jacques Cartier, de Saint-Malo. Et j'embarque à mon bord ceux que l'aventure tente pourvu qu'ils soient robustes et n'aient pas peur de l'inconnu.

L'aubergiste *(criant à la ronde)*.

À ta santé et celle de notre bon roi François. Au succès de ton entreprise. J'offre la tournée générale !

Les marins attablés *(ensemble)*.

Vive Jacques Cartier ! Vive le roi François ! Vive Saint-Malo et les Malouins !

Rideau

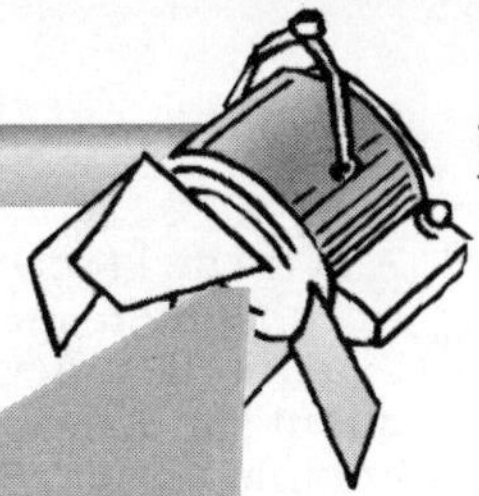

4 PERSONNAGES

- Denise, une fille du XXe siècle
- Martin, un garçon du XXe siècle
- Denise, une fille du XVIIe siècle
- Martin, un garçon du XVIIe siècle

2 COMMENTATEURS

- un enfant vêtu à la mode d'aujourd'hui
- un enfant vêtu à la mode du XVIIe siècle

Petites leçons d'économie

Remarque préalable

Le titre « Petites leçons d'économie » regroupe deux saynètes : *Parlons... francs* et *Un louis, c'est un louis*. Celles-ci mettent en scène une même plaisanterie à deux époques différentes : la première se déroule au XXe siècle et la seconde au XVIIe siècle.

La présence des commentateurs, indispensable pour situer le contexte historique, nécessite de respecter cet ordre.

Accessoires et costumes

Perruques et costumes d'époque pour le commentateur et les acteurs du XVIIe siècle (voir p. 80).

Conseils de mise en scène

Le commentateur du XXe siècle annoncera *Parlons... francs* et se retirera sur le bord de la scène pour laisser la place aux deux acteurs qui jouent la saynète. Après la réplique finale, il partira dans un grand rire et prendra le public à témoin en demandant : « C'est amusant, n'est-ce pas ? » avant de se remettre à rire. Il sera interrompu par les toussotements du commentateur du XVIIe siècle venant d'entrer en scène. Ce dernier pourra enchaîner en lançant :

« Amusant... Amusant... C'est vite dit ! En tout cas, ce n'est pas nouveau ; nous racontions déjà cette plaisanterie il y a plus de trois cents ans ! Et en plus, nous l'avions écrite en alexandrins, comme une pièce de Molière. Jugez plutôt. Cela s'appelle : *Un louis, c'est un louis* ».

Le commentateur du XVIIe siècle rejoindra alors le commentateur et les deux acteurs du XXe siècle sur le bord de la scène pour laisser la place aux deux nouveaux acteurs.

À la fin de la seconde version, on pourra imaginer que commentateurs et acteurs des deux époques se rejoignent sur le devant de la scène. Les six enfants ainsi réunis reprendront en chœur la chanson *Money* de Pink Floyd, sur fond sonore de la cassette du groupe (musique et bruits de tiroirs-caisses). Le rideau tombera et la musique sera progressivement baissée pour disparaître dès que les premières mesures auront été entendues.

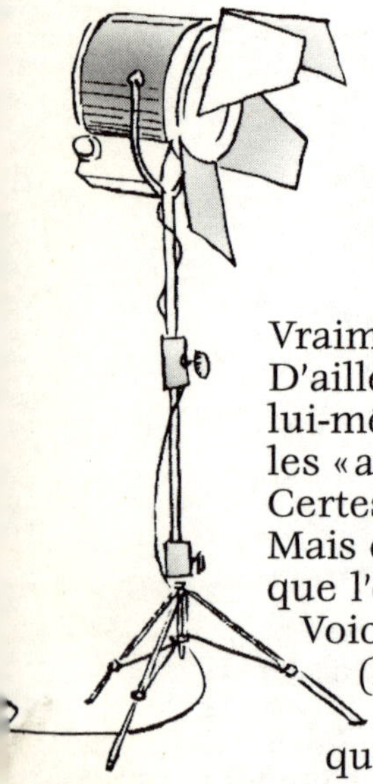

Parlons... francs

de Michel Coulareau

Introduction

Vraiment, quel vilain défaut que l'avarice !
D'ailleurs, sous les traits de l'infâme Harpagon, le grand Molière lui-même, ne s'est-il point permis de fustiger copieusement les « avaricieux » ?
Certes, il n'est guère mieux pour autant, d'être trop prodigue.
Mais entre avarice et prodigalité, il existe une vertu médiane que l'on se doit de cultiver : le sens de l'économie.
Voici donc, sur ce thème toujours d'actualité, deux versions (l'une moderne : *Parlons... francs*, l'autre, classique : *Un louis, c'est un louis*) d'une même plaisanterie que séparent pourtant 3 siècles et 4 douzaines d'alexandrins...

Denise
Salut, Martin !

Martin
Salut, Denise ! Dis-moi. Te souviens-tu de ce que nous a appris la maîtresse, hier matin ?

Denise
Bien sûr ! Elle nous a dit qu'il ne fallait pas gaspiller l'argent.

Martin
Exactement ! Et qu'il valait bien mieux faire des économies. Tu te rappelles ?

Denise
Oui, et elle a même ajouté « qu'il n'y avait pas de petites économies ».

Martin
Justement ! Eh bien ! Figure-toi que moi, j'ai suivi les conseils de la maîtresse.

Denise
Tiens donc!? Tu as économisé de l'argent?

Martin *(fièrement).*
Eh oui! Et pas plus tard que ce matin.

Denise *(incrédule).*
Ce matin? Et comment donc, s'il te plaît?

Martin
Ben, tout simplement, en allant à la piscine.

Denise
Ah! Bon? Tu vas à la piscine, le mercredi?

Martin
Oui, chaque mercredi. Je suis inscrit au club de natation.

Denise
Eh ben! Tu en as de la chance, toi! Mais, dis-moi, c'est *loin* la piscine? Tu y vas à pied?

Martin
Non, attends, je t'explique : d'habitude, pour aller à la piscine, je prends l'autobus.

Denise *(admirative).*
Tout seul?!

Martin *(fièrement).*
Bien sûr : tout seul!

Denise
Eh ben! Tu es courageux.

Martin *(d'un air suffisant).*
Je sais, je sais. Eh bien! Ce matin, je ne l'ai pas pris, l'autobus! Voilà!

Denise
Allons bon, tu l'as raté?

Martin
Mais non! Je ne l'ai pas raté. Je n'ai pas *voulu* le prendre. Nuance!

Denise
Alors là, Martin, je ne comprends plus rien. Tu n'es pas allé à la piscine?

Martin
Mais si, Denise! Je suis *allé* à la piscine.

Denise
Et comment, alors?

Martin
En *courant, derrière* l'autobus.

Denise *(étonnée).*
Tu es devenu fou, ou quoi ?

Martin
Mais non ! Au contraire !

Denise
Mais quelle drôle d'idée ! Tu n'avais donc pas d'argent ?

Martin
Si, justement ! J'avais 5 francs 50, comme d'habitude.

Denise
Eh ! Bien alors !?

Martin
Et alors, ces 5 francs 50, en courant derrière l'autobus, je les ai économisés, voilà !

Denise *(sans enthousiasme).*
Ah ! Oui, d'accord. *(Un temps.)* Eh bien ! Tu veux que je te dise, Martin ?

Martin
Oui, dis toujours.

Denise
Martin, tu es le roi des nigauds !

Martin *(étonné et vexé).*
Comment ça, « le roi des nigauds » ?

Denise *(avec dédain).*
Parfaitement, le roi des nigauds.

Martin
Mais enfin, Denise, j'ai économisé 5 francs 50 !

Denise
Certes. Mais en réfléchissant un peu, tu aurais pu économiser bien davantage.

Martin
Et comment donc, je te prie ?

Denise
Eh oui ! Mon vieux ! Ce n'est pas derrière *l'autobus* qu'il te fallait courir.

Martin
Ah bon ?

Denise
Mais derrière un *taxi* !

Martin
Un taxi ?

Denise
Eh ! Oui ! Pardi ! Et ainsi, ce n'est pas 5 francs 50 que tu aurais économisé, mais 50 francs d'un coup !

Rideau

2 PERSONNAGES

- Denise,
  une fille du XVIIe siècle
  (12 répliques en 24 vers).
- Martin,
  un garçon du XVIIe siècle
  (11 répliques en 22 vers).

1 COMMENTATEUR

- un enfant vêtu
  à la mode du XVIIe siècle.

Un louis, c'est un louis

Remarque préalable

Cette saynète est donc la version versifiée (en alexandrins) de la précédente : *Parlons... francs*. Sa durée est d'environ 3 minutes, avec, au total, 23 répliques en 58 vers.

Vocabulaire

denier : ancienne monnaie française. Il fallait douze deniers pour faire un sou.

écu : ancienne monnaie française en or portant sur une face les armoiries ou le profil du souverain de l'époque. Sous les règnes de Louis XIII et de ses successeurs, les écus étaient aussi appelés des « Louis ».

chaise à porteurs : siège fermé et couvert auquel étaient adaptés deux brancards pour qu'il puisse être porté par deux personnes. Ce moyen de déplacement était utilisé par les riches car il coûtait beaucoup plus cher qu'une calèche, qui, pouvait transporter plusieurs passagers à la fois.

Accessoires et costumes

Cette saynète se déroulant sous le règne de Louis XIV, le Roi-Soleil, il est indispensable que les interprètes soient vêtus à la mode du XVIIe siècle (se référer aux illustrations p. 81 et 83).

Conseils de mise en scène

Les conseils sont détaillés à la p. 75. On attirera l'attention de l'acteur jouant le rôle de Martin (au XVIIe siècle), sur la nécessité de prononcer « hier matin » sur trois syllabes (« yer » matin) afin de conserver l'équilibre de l'alexandrin.

Un louis, c'est un louis

de Michel Coulareau

La scène se déroule dans les jardins d'un château. Deux enfants se rencontrent.

Denise *(tournant les talons).*
Il suffit, mon ami ! Cet incident est clos,
Et pour l'heure, voulez-vous, changeons donc de propos !

Martin
Avez-vous retenu ce que nous a appris
Notre bon précepteur, Messire du Barry ?

Denise
Il m'en souvient encore. Il nous a dit en somme :
« En tout lieu, en tout temps, montrons-nous économes ! »

Martin
Or donc, ma douce amie, hier matin, au réveil,
J'ai, du bon précepteur, respecté le conseil !

Denise
Auriez-vous donc vaqué, à vos diverses courses,
Sans délier, pour autant, les cordons de la bourse ?

Martin
Tout juste, mon amie ! J'ai suivi sa maxime,
En allant, hier matin, à ma leçon d'escrime.

Denise
Où donc étudiez-vous
le maniement des armes ?
Serait-ce au château ? Ou bien
chez les gens d'armes ?

Martin *(esquissant quelques passes d'escrime).*
Que nenni, belle amie !
Je m'essaie au fleuret
Au manoir de la Mandre,
à trois lieues de Muret !

Denise
Voilà qui est charmant !
Mais quel genre de transport
Vous permet, chaque matin,
d'arriver à bon port ?

Martin
J'ai pris pour habitude d'emprunter la calèche
Qui livre les missives et aussi *La Dépêche.*

Denise
Mais pour utiliser cette locomotion,
Il doit falloir graisser la patte au postillon !

Martin
Trois deniers et demi : tel en est le tarif.
Et pour trois lieues, ma foi, il n'est point excessif !

Denise
J'en conviens en effet ! Mais dites-moi, l'ami,
Qu'en est-il donc, au juste, de vos économies ?

Martin
Je n'ai point cheminé *à bord* de la calèche :
J'ai *trotté derrière* elle, vite comme une flèche !

Denise
Pourquoi donc avoir pris chausses à votre col ?
Ne seriez-vous, tantôt, devenu un peu fol ?

Martin
Que nenni, damoiselle ! Mais en trottant ainsi,
De plus de trois deniers, j'ai fait l'économie !

Denise
Mon pauvre ami Martin ! Je le dis tout de go :
Vous êtes, pardonnez-moi, le plus grand des nigauds !

Martin *(s'emportant).*
J'ai économisé ma monnaie, chère Denise !
Et n'admets, sur ce point, que l'on me contredise !

Denise *(haussant les épaules).*
En étant plus futé, et quelque peu plus sage,
Vous auriez pu, l'ami, épargner davantage !

Martin
Sur ce sujet précis, je nourris quelque doute,
Mais je vous suis tout ouïe : parlez, je vous écoute !

Denise
Il vous fallait poursuivre, avec autant d'ardeur,
Non point une calèche, mais une chaise à porteurs !

Martin

Une chaise à porteurs ? Pourquoi ce stratagème ?
L'effet, à l'arrivée, en eût été, le même !

Denise

Y songez-vous, Martin ? Que nenni ! Point du tout !
Vous auriez épargné douze écus d'un seul coup !

Rideau

4 PERSONNAGES

- le cardinal Mazarin
- Louis XIV, roi de France
- Marie Mancini
- l'infante d'Espagne

1 COMMENTATEUR

- un valet en livrée

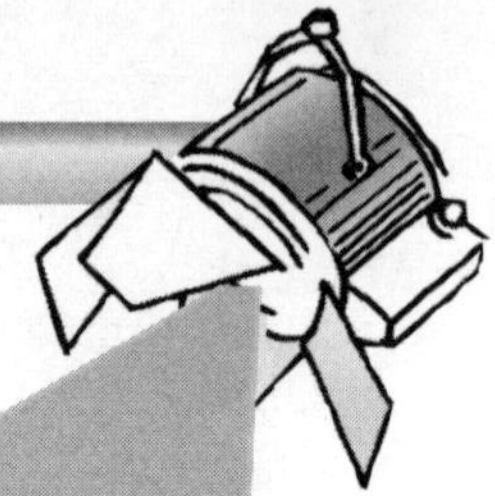

Le mariage de Louis XIV

À savoir pour mieux comprendre

dot : biens ou domaines appartenant à une jeune fille avant le mariage et qui venaient grossir les possessions du futur couple. Dans le cas d'une princesse épousant un roi, il pouvait s'agir d'une province ou même d'un pays entier ! Ce genre de mariage ne laissait pas beaucoup de place à l'amour !

infante : titre des enfants puînés (nés après un frère ou une sœur) des rois d'Espagne et du Portugal.

Accessoires et costumes

Costumes d'époque pour tous (réalisés à partir des illustrations p. 85, 86, 88, 89).
Une tenue de cardinal (de couleur rouge).
Une perruque (cheveux longs et bruns) pour Louis XIV.
Un éventail pour l'infante.

Conseils de mise en scène

Le commentateur lira l'introduction. Il restera sur le côté de la scène pour présenter l'infante d'Espagne lors de sa première apparition.

Le mariage de Louis XIV

de Michel Fustier

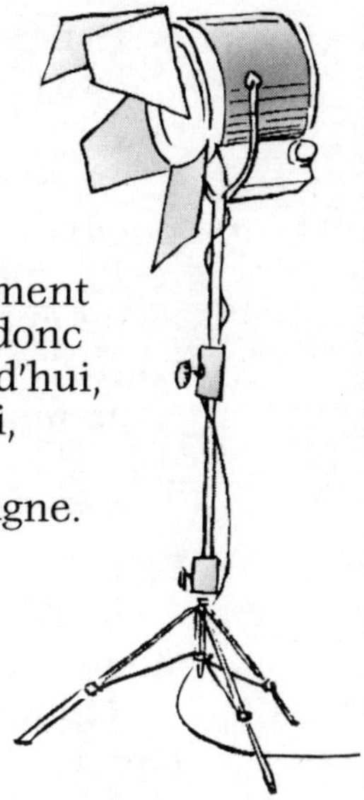

Introduction

À la mort de Louis XIII, en 1643, Louis XIV est proclamé Roi de France. N'ayant alors que cinq ans, il est naturellement trop jeune pour gouverner. Les affaires du royaume sont donc confiées au cardinal Mazarin, le Premier ministre. Aujourd'hui, le roi Louis XIV a vingt-deux ans et il aime Marie Mancini, la nièce du cardinal Mazarin. Mais un roi doit épouser une princesse et le cardinal marie Louis à l'infante d'Espagne.

1er tableau

Mazarin *(au public).*

J'ai à vous raconter aujourd'hui une histoire très belle et très triste. Écoutez bien : c'est une histoire d'amour. Oh, mais les voilà déjà, mes amoureux. *(Il se retire sur le côté de la scène.)*

Entrent Louis et Marie.

Louis

Oh, Marie, mon amour, que j'ai souffert de votre absence. Sans vous je ne vis plus et tous les billets que nous échangeons ne sont rien à côté du plaisir de baiser cette petite main. *(Il met un genou à terre.)*

Marie

Comment, Louis, moi aussi je suis très amoureuse et voilà trois jours que j'attends !

Louis

Je vous ai apporté ces quelques roses… pour me faire pardonner.

Marie

Elles sont très belles. Faites voir : oui très belles ! Mais cela ne suffit pas.

Louis

Cela ne suffit pas ? En attendant, puis-je me relever ?

Marie
Pas encore, Louis : ce sera votre pénitence pour m'avoir fait languir si longtemps.

Louis
Je vous en prie.

Marie
Et en tout cas, pas avant que vous ne m'ayez promis définitivement de m'épouser.

Louis
Je ferai tout ce que je peux pour cela.

Marie
Cela ne me satisfait pas.

Louis
Bien... Si vous y tenez, je vous le promets.

Marie
Alors, vous pouvez vous relever.

Louis
Et puis-je vous embrasser tout de bon, cette fois ?

Marie
Certes pas, Louis, pas encore. Heureusement que je suis raisonnable pour deux.

Louis
Oh, que je voudrais une bonne fois vous tenir dans mes bras !

Marie
Mon Dieu, je le voudrais tellement, moi aussi, mais...

Louis
Vous êtes ma vie, ma joie, mes délices, mon bonheur.

Marie
Mais que dirait mon oncle ?

Louis
Votre oncle, votre oncle...

2e tableau

Mazarin *(au public).*
L'oncle, c'est moi. Ils sont arrivés tellement brusquement que je n'ai pas même eu le temps de vous expliquer la situation. Ce jeune garçon, c'est Louis XIV, le roi de France. Cette jeune fille,

c'est Marie Mancini, ma nièce. Et moi, le cardinal Mazarin, je suis le Premier ministre du roi. Mais que je vous donne quelques détails supplémentaires. *(À Louis.)* Louis, venez ici.

Louis
Me voici, monsieur le cardinal.

Mazarin *(au public).*
Je le traite un peu familièrement, car je suis son parrain.
Voici donc le roi de France : il est jeune, il est beau, il est spirituel.
Il est aussi tout gonflé d'amour et il voudrait bien se marier :
à son âge on comprend que ça commence à le démanger.
Et tout naturellement... *(À Marie.)* Venez ici, Marie...

Marie
Me voici, mon oncle.

Mazarin *(au public).*
Et, tout naturellement donc, il s'est entiché d'une des plus belles filles de la Cour, fine avec cela, et spirituelle, et cultivée. Je ne dis pas cela parce que c'est ma nièce, mais... Sale caractère en plus, mais ça, c'est une autre affaire ! Ils se donnent des petits rendez-vous, ils s'envoient des billets galants, ils se baisotent probablement dans les coins. Malheureusement...

3e tableau

Louis
Je suis le roi. Je fais ce que je veux. Qu'avez-vous à redire à cela, monsieur le cardinal ? D'ailleurs, n'est-ce pas votre nièce que je courtise et n'en êtes-vous pas fier ?

Mazarin
J'en suis infiniment honoré. Malheureusement...

Louis
Malheureusement : c'est une obsession ! Malheureusement quoi ?

Mazarin
Cela n'est pas possible. Je n'avais pas pris garde à cet attachement lorsqu'il a commencé, sans quoi j'y aurais porté bon ordre depuis longtemps. Mais ne savez-vous pas, mademoiselle ma nièce, que...

Marie
Je sais parfaitement, monsieur mon oncle, que, bien que votre nièce, ce qui à tout prendre est honorable, je suis née en Italie d'une famille modeste et qu'en aucun cas, selon vos préjugés, je ne peux prétendre à épouser le roi de France.

Mazarin
C'est bien ce que je m'apprêtais à vous dire.

Marie
Vous voyez que je connais tout de votre mesquine pensée.

Mazarin
Et je vois aussi que vous ne vous souciez pas le moins du monde de vous y conformer.

Marie
Je ne suis pas obéissante par nature. Je n'y peux rien, c'est Dieu, mon maître, qui m'a faite ainsi. Et comme le roi, votre maître, peut ce qu'il veut et qu'il veut m'épouser...

Mazarin
Marie, il y a des paires de claques qui se perdent !

Marie
Vous qui êtes si avare...

Mazarin *(au public).*
Je vous disais bien qu'elle était insolente. Mais comme elle est aussi intelligente que je suis avare, elle va tout de suite comprendre.

4e tableau

Mazarin *(à Louis).*
Louis, les rois ne se marient pas par amour : ils se marient pour agrandir leur royaume. Ils n'épousent donc que de riches princesses, elles-mêmes filles de rois, qui leur apportent en dot des provinces nouvelles.

Louis
Cela est bien. Mais si lesdites princesses ne sont pas aimables ?

Mazarin
Il y a tant d'autres avantages à être roi, qu'il y faut bien quelques inconvénients.

Louis
C'est un inconvénient qui pourrait m'indisposer.
Et qui me proposez-vous ?

Mazarin
Mais vous le savez déjà : l'infante d'Espagne. La voici !

L'infante *(apparaissant dans une tenue très espagnole).*
Aqui estoy.

Mazarin
Navré : elle ne parle pas le français ! Depuis des générations il y a la guerre entre la France et l'Espagne : ce mariage aurait d'abord l'avantage de faire cesser la guerre ; il nous apporterait ensuite quelques provinces, dont nous avons déjà établi le détail... *(Il montre un parchemin.)* Bref, des terres au sud, des terres au nord, des terres à l'est. De quoi arrondir votre beau royaume.

Louis
Ah, ah ! Beaucoup de provinces, donc ! Et la paix. Cela me paraît décisif. Mais laissez-moi regarder la fille. *(Le roi tourne autour de l'infante et l'inspecte longuement.)* Allons, cela ne m'enchante pas, mais cela pourrait se faire.

Mazarin
Cela se fera donc : le roi se doit à son pays.

Louis
Fort bien... Quand il s'agit de ma gloire, je comprends très vite. Marie, je suis navré.

5e tableau

Marie
Le roi manquerait-il à sa promesse ?

Mazarin
Il ne manquera pas à sa promesse : car vous, vous l'en délierez.

Marie
Cela ne sera pas.

Mazarin
Cela sera. Allons, allons petite effrontée. *(Avec un geste impérieux.)* Cela vient d'être.

Marie *(comme suffoquée).*
Ah !

Louis

Je vous remercie, Marie, d'avoir si bien compris la situation. Je vous ai beaucoup aimée et vous me laisserez un grand regret.

Marie

Sire, mon roi, *(Elle se met à genoux.)* je vous en supplie, comment pourrais-je vivre sans vous ? J'en perdrais le boire et le manger : ne me laissez pas ainsi.

Louis

Vous me faites de la peine, Marie. Ne me rendez pas la chose plus difficile. Si seulement vous aviez eu des provinces !

Marie

Je vous le promets, je ne serai plus insolente. Je ferai tout ce que vous me demanderez.

Louis

Eh bien, madame, puisqu'il en est ainsi, je vous demande de cesser de me supplier. Et tournez-vous vers votre oncle qui, j'en suis sûr, vous trouvera un bon mari. Nous y veillerons. Adieu. *(Le roi sort en tenant l'infante par la main.)*

Mazarin *(au public).*

J'en ai les larmes aux yeux. Mais il faut toujours obéir aux rois, même quand ce sont les ministres qui décident. Vous voyez que c'était une histoire très belle et très triste. *(À Marie.)* Relevez-vous, ma nièce, et mouchez-vous, : nous allons tout de suite nous occuper de vous.

Ils sortent.

Rideau

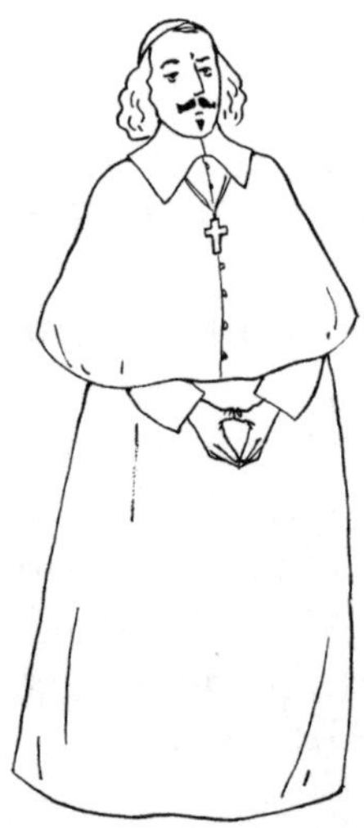

2 PERSONNAGES **1 COMMENTATEUR**

- Louis XIV, roi de France
- Molière
- un garde

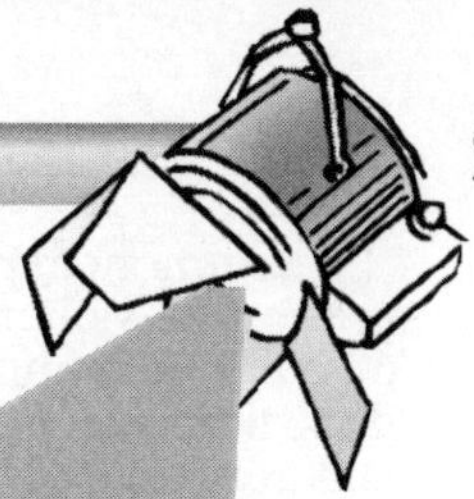

Molière et Louis XIV

À savoir pour mieux comprendre

rayon : Molière se compare à un « tout petit rayon » de la gloire de Louis XIV. Cette comparaison est à la fois intelligente et amusante car le roi Louis XIV était non seulement surnommé Louis le Grand, mais aussi le Roi-Soleil, en raison de son influence et de son prestige qui rayonnaient sur le monde entier.

Édit de Nantes : texte de loi édicté par le roi Henri IV en 1598, autorisant les protestants de France à pratiquer librement leur culte. Le 18 octobre 1685, Louis XIV a supprimé tous les avantages accordés aux protestants en signant la révocation (l'annulation) de l'édit de Nantes. Cette seule décision a eu pour effet de chasser de France près de trois cent mille protestants qui ont émigré en Suisse, en Allemagne ou en Amérique pour fuir les persécutions.

Accessoires et costumes

Costumes d'époque pour Louis XIV et Molière (réalisés à partir de l'illustration p. 96).
Deux perruques (cheveux longs) poudrées à la farine.
Un banc public ou deux chaises.
Deux feuilles de papier.
Une plume d'oie.

Conseils de mise en scène

Lorsque la scène débute, Molière est seul, assis sur le banc. Il est absorbé dans la lecture du feuillet qu'il tient à la main et sur lequel il ajoute quelques mots à l'aide de sa plume, comme on remplit un questionnaire.

Le commentateur lira l'introduction et présentera Molière comme le plus grand écrivain et homme de théâtre français du XVIIe siècle. Cette présentation particulièrement élogieuse pourra provoquer chez Molière (qui l'aura entendue) une mimique de protestation modeste.

Le commentateur présentera Louis XIV à son entrée en scène en annonçant, comme à l'arrivée d'un visiteur de marque : « Sa majesté Louis XIV, roi de France, de 1643 à 1715. »

Molière et Louis XIV

de Michel Fustier

Introduction

Molière et Louis XIV se rencontrent par hasard dans le séjour des morts. Ils comparent le résultat de leurs deux vies.

1er tableau

Louis XIV
Bonjour, Molière. Quel plaisir de vous revoir !

Molière
Sire, vous voilà enfin... Je vous ai attendu !

Louis XIV
J'ai vécu plus longtemps que vous. Où sommes-nous exactement ici ?

Molière
Au séjour des morts... dans le jardin.

Louis XIV
J'aurais dû m'en douter. C'est bien ?

Molière
Un peu long, parfois. Mais confortable. L'ennui, c'est qu'à l'entrée, il faut faire son petit bilan.

Louis XIV
Son petit bilan ?

Molière
Oui, c'est une sorte de bulletin trimestriel. À ceci près que ce n'est pas seulement pour le dernier trimestre, mais pour toute la vie et qu'il faut que vous le rédigiez vous-même.

Louis XIV

Ils sont indiscrets, je trouve.

Molière

Ils insistent beaucoup. Moi, j'avais réussi à y couper jusqu'ici, mais ils m'ont donné ma feuille en même temps que la vôtre, qu'ils m'ont chargé de vous apporter. Tenez.

2e tableau

Louis XIV

Savent-ils que j'ai été le plus grand roi du monde ?

Molière

Sire, ils ne peuvent pas l'ignorer.

Louis XIV

Et que l'on m'appelait précisément Louis le Grand. Que j'ai vécu soixante-dix-sept ans, sur lesquels j'ai régné soixante-douze ans.

Molière

Votre mérite, à durer si longtemps, n'en est que plus frappant.

Louis XIV

Que j'ai eu deux femmes et soixante-quinze maîtresses, au moins.

Molière

La renommée vous en prête davantage...

Louis XIV

Je n'ai rien à redire à cela. Que j'ai conduit dix guerres, approximativement, que j'ai livré cinquante batailles, et que se sont immolés pour moi sur l'autel de la patrie... largement trois cent mille de mes soldats...

Molière

Vous le disiez vous-même : vous avez été « grand ».

Louis XIV

Que, ce faisant, j'ai gagné et perdu plus de provinces qu'aucun souverain de mon temps. À la fin de quoi, tous les débits ou crédits ayant été passés, il m'en est tout de même resté deux ou trois...

Molière

C'est bien le moins...

Louis XIV

Que j'ai bâti le plus beau château du monde, et le plus grand.

Molière

Vous voulez dire Versailles ?

Louis XIV
Naturellement, insolent ! Dans lequel j'ai réuni la Cour la plus brillante qui puisse être.

Molière
Oui, toute la noblesse française asservie à vos moindres désirs !

Louis XIV
Et duquel j'ai régné sur les lettres françaises : Corneille, Racine, Molière...

Molière
Oui, je sais, Molière, c'est moi !

Louis XIV
Pardon, j'oubliais... Oui, bien sûr !

Molière
Moi-même, un petit, tout petit rayon de votre gloire !

Louis XIV
Sans négliger Bossuet, La Fontaine, La Bruyère... et tant d'autres !

Molière
S'il vous plaît, n'omettez-vous rien ?

Louis XIV
Si, pardon : les meilleurs ministres, Mazarin, Colbert, Louvois...

Molière
Et encore ? Allons, allons...

Louis XIV
Les meilleurs généraux : Condé, Turenne, Vauban...

Molière
Vauban, celui qui a couvert la France de ces forteresses que l'on visite encore avec admiration ?

Louis XIV
Lui-même ! Et qu'enfin m'est revenue la gloire de mettre mon petit-fils sur le trône d'Espagne et le mérite d'avoir, en révoquant l'Édit de Nantes, chassé les protestants hors de mes territoires.

Molière
Tout cela fera certainement très bon effet sur le jury...

3e tableau

Louis XIV
Je l'espère bien. Et vous, Molière, qu'allez-vous dire pour les impressionner ?

Molière
Je me sens écrasé : pas d'armées, pas de châteaux, pas de courtisans. Et les protestants...

Louis XIV
Je sens ça : vous les auriez plutôt gardés.

Molière
Très probablement. J'avais parmi eux quelques amis.

Louis XIV
Voilà : mais vous n'aviez pas voix au chapitre.

Molière
Pour les protestants, non. D'ailleurs, j'étais déjà mort quand vous les avez chassés : mais au contraire, Sire, durant ma vie, ce dont je peux me vanter, c'est d'avoir toujours eu, sur tous les points, voix au chapitre.

Louis XIV
Mon Dieu, oui, vous avez beaucoup parlé... Nous avions chacun nos petits talents. Vous, donc, c'était les comédies !

Molière
Mais savez-vous que si je n'ai pas régné sur vingt-cinq millions de sujets, j'en ai créé une assez grande quantité.

Louis XIV
Créé ? Qu'est-ce que vous voulez dire ?

Molière
Ma foi, oui : les personnages de mes pièces, mes créatures. Il y en a bien deux ou trois cents...

Louis XIV
Auprès de tous les soldats que j'ai fait tuer, cela est peu.

Molière
Oui, mais les miens vivent encore, et parmi eux, quelques-uns sont aussi célèbres que vous-même, sans vous offenser : Tartuffe, Scapin, l'Avare, le Bourgeois gentilhomme, Dom Juan, le Misanthrope ; ils remplissent le monde.

Louis XIV
Personnages virtuels : vous n'avez pas grand mérite.

Molière
Je vous demande pardon ! On les rencontre encore tous les jours, eux : ils ne sont pas réduits à l'état où nous sommes.

Louis XIV
Vous autres, comédiens ! Vous avez l'habitude de prendre des vessies pour des lanternes !

Molière

Mais non : ils descendent chaque soir dans des milliers de théâtres, incarnés par des milliers d'acteurs ; ils sont plus vivants que les vivants, on les applaudit, ce sont des familiers...

Louis XIV

Passons... Vous avez été enterré très discrètement dans une fosse commune !

Molière

Oui, mais si l'on mettait bout à bout toutes les éditions que l'on a faites de mes pièces, qui ont été traduites dans toutes les langues, je suis sûr qu'il y aurait de quoi faire le tour du monde.

Louis XIV

Vous exagérez !

Molière

Ou bien, argument ad hominem, je parierais volontiers que, ajoutés les uns aux autres, le volume de tous ces volumes dépasserait de dix fois celui de tous vos châteaux empilés sur toutes vos forteresses.

Louis XIV

Impudent!... Une gloire de papier. Molière! Sans plus.

Molière

Sire, ne dites pas de mal du papier. Ce que l'on écrit dessus dure plus longtemps que les éphémères ballets que l'on danse sur les champs de bataille...

Louis XIV

Je suis tout de même choqué des comparaisons que vous osez faire.

4e tableau

Molière

Sire, faisons un test... Depuis que nous parlons, le temps s'est écoulé! Nous sommes bientôt au XXIe siècle. Allons demander aux citoyens du monde entier s'ils se souviennent de nos noms; entre le vôtre et le mien, je sais que c'est le mien qui l'emporte.

Louis XIV

Vous voilà bien glorieux!

Molière

Et si chaque fois que l'on joue une de mes pièces je recevais un louis d'or *(Il salue d'un geste large.)*, je serais l'homme le plus riche du monde.

Louis XIV

Cela est peut-être vrai, Molière. Mais que feriez-vous de votre richesse?

Molière

Entre autres, une donation pour l'entretien de votre fameux château de Versailles...

Louis XIV

Ah! Ah!... Ah! Ah!... Vous!... Vous, Molière! *(Il rit très fort, comme pour cacher son embarras.)* Vous, Molière, une donation pour le château de Versailles!

Molière

Cette merveille des merveilles : finalement, c'est tout ce qu'il reste de vous!

Louis XIV *(changeant de ton).*

Oui... Merci. Vous êtes généreux! Il en a grand besoin, le pauvre. *(Il rend à Molière son salut.)*

Molière

Allons, Sire, allons rendre nos copies : nous verrons bien ce que notre jury nous en dira.

Rideau

La prise de la Bastille

13 PERSONNAGES

- un ouvrier
- la femme de l'ouvrier
- un vieux sergent de la garnison de la Bastille
- le capitaine Deflue, du régiment suisse
- le marquis de Launay, le gouverneur de la Bastille
- Camille Desmoulins, un jeune avocat
- un artisan-ébéniste
- un bourgeois de Paris
- le fils du bourgeois de Paris
- le chef du district
- Louis XVI, roi de France
- M. Bailly, maire de Paris
- La Fayette, général de la garde nationale

1 COMMENTATEUR

- un sans-culotte

À savoir pour mieux comprendre

Camille Desmoulins :
Après avoir appelé la foule à prendre les armes au jardin du Palais-Royal le 12 juillet 1789, Camille Desmoulins a participé au mouvement révolutionnaire avec les journaux qu'il avait fondés. Adversaire de la Terreur, il fut guillotiné avec Danton en 1794.

La Fayette :
Le marquis de La Fayette, général de l'armée française, avait participé à la guerre d'Indépendance en Amérique en se battant contre les Anglais aux côtés des Américains. Une ville de Lousiane, dans le sud des États-Unis, porte aujourd'hui le nom de La Fayette, en hommage aux services rendus au peuple d'Amérique par le général français. Pendant la Révolution, La Fayette était député de la noblesse aux États généraux. Il a toujours été considéré comme le représentant de la noblesse, favorable aux idées révolutionnaires et capable de réconcilier la royauté et la Révolution. C'est pour cette raison qu'il fut choisi pour commander la Garde nationale créée en 1789 par l'Assemblée nationale qui venait de se constituer.

Accessoires et costumes

Costumes d'époque pour tous (réalisés à partir de l'illustration p. 103).
Une tenue de sans-culotte pour le commentateur.
Un fusil à pierre avec baïonnette pour le sergent.
Une plume et un papier.
Un drapeau blanc.
Un chapeau à cocarde tricolore pour M. Bailly.
Un chapeau pour Louis XVI.
Une cocarde tricolore avec une épingle.

Conseils de mise en scène

Le rôle du commentateur est particulièrement important car il permettra au public d'identifier les personnages principaux. Il lira l'introduction. Il restera sur le côté de la scène, tout au long de la pièce, pour présenter chaque tableau et suggérer, en quelques phrases, les lieux et décors où se déroule l'action (la chambre du couple d'ouvriers, la terrasse de la Bastille, les jardins du Palais-Royal et de l'hôtel de ville). Ceci aura pour effet de limiter les décors à quelques accessoires que les acteurs pourront apporter et remporter avec eux.

On pourra néanmoins, si l'on dispose des moyens, talents et bonnes volontés nécessaires, réaliser deux grandes toiles (peintes sur des cartons ou des draps tendus), qui représenteront le décor des jardins du Palais-Royal et de la terrasse supérieure de la Bastille. La réalisation de ces deux panneaux qui seront disposés en fond de scène pour les tableaux 2 à 5, fera l'objet d'un travail artistique collectif à grande échelle.

Les bruits de la fusillade et du canon seront imités par des figurants/bruiteurs dissimulés en coulisses (à défaut d'un enregistrement plus réaliste !). Ces mêmes élèves produiront les bruits de foule (en veillant à ne pas empêcher leurs camarades sur scène de se faire entendre !) et constitueront la troupe des figurants du dernier tableau.

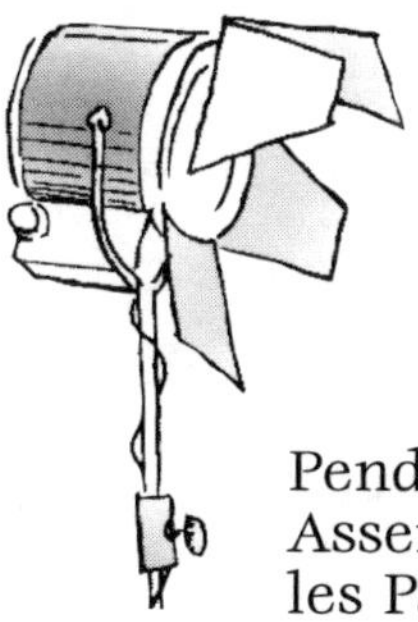

La prise de la Bastille

de Michel Fustier

Introduction

Pendant qu'à Versailles les députés des États généraux (devenus Assemblée nationale) sont exposés aux pressions du roi Louis XVI, les Parisiens se révoltent et prennent la Bastille, le 14 juillet 1789.

1er tableau

La France a faim

Le commentateur : *La scène se trouve dans la chambre d'un couple d'ouvriers. Le mari rentre du travail et montre sa paye du jour à sa femme.*

L'ouvrier
Tiens ! Voilà tout ce que l'on m'a donné aujourd'hui.

La femme de l'ouvrier
Vingt-deux sous !

L'ouvrier
Oui, pour une journée de quatorze heures de travail.

La femme de l'ouvrier
Mon pauvre homme : comme quoi, on a beau faire la grève !

L'ouvrier
On s'est tous fait posséder ! Et voilà : quatorze heures et vingt-deux sous en tout et pour tout. Ca fait combien l'heure... Vingt-deux divisé par quatorze... C'est trop compliqué !

La femme de l'ouvrier
Avec quoi est-ce que nous allons vivre ? Le pain de quatre livres – il nous en faut un par jour ! –, je l'ai payé hier quinze sous au lieu de huit.

L'ouvrier
Et encore, tu as eu bien de la chance d'en trouver !

La femme de l'ouvrier
Mon Dieu, qu'est-ce que nous allons devenir ? On dit que les nobles empêchent la farine de rentrer dans Paris. Ils auraient décidé de nous affamer !

L'ouvrier
Oui, j'ai entendu parler de ça. C'est pour ça que les prix montent.

La femme de l'ouvrier
Il y a déjà tant de chômeurs et de miséreux... Quand je pense à tous ces carrosses dans lesquels se trimballent ces beaux messieurs et ces belles dames.

L'ouvrier
Ne t'inquiète pas ; ils mangent de la brioche, eux... Et tu sais ce qu'il a dit, le patron ?

La femme de l'ouvrier
Celui-là... je le crains !

L'ouvrier
Il a dit que la seule solution à la crise, c'était de diminuer encore les salaires... que ça ferait baisser le prix du pain.

La femme de l'ouvrier
Tous les mêmes ! Il faudra qu'on aille sérieusement le secouer, celui-là.

L'ouvrier
Sûr que notre bon roi ne sait pas tout ça ! S'il le savait, il ferait quelque chose.

La femme de l'ouvrier
Moi, je crois qu'il ne ferait rien du tout. Il n'y a que nous qui pouvons quelque chose pour nous.

2e tableau

À la Bastille

Le commentateur : *La scène se situe à la Bastille, entre le marquis de Launay, gouverneur de la Bastille, un vieux sergent boiteux et un jeune capitaine du régiment suisse de l'armée du roi.*

Le vieux sergent
Monsieur le gouverneur, ce sont les Suisses qui arrivent.

Le capitaine Deflue
Capitaine Deflue, du régiment suisse de Sa Majesté le roi de France…

Le marquis de Launay
Soyez le bienvenu… Votre renfort sera précieux. Ici, à la Bastille, je n'ai en temps habituel que quatre-vingts vieux soldats, plus ou moins invalides : ils ne sont pas très combatifs !

Le vieux sergent
Saperlipopette ! Tout invalide qu'on soit, je ne vois pas bien contre qui il faudrait qu'on se batte. On n'est pas en guerre, tout de même !

Le marquis de Launay
Sergent, silence… Vous ne sentez pas que le peuple est en train de se soulever ?

Le vieux sergent
Se soulever, se soulever… Est-ce que vous croyez, monsieur le marquis, que le peuple pourrait avoir l'idée d'attaquer la Bastille ?

Le marquis de Launay
En tout cas, moi, je prends toutes les dispositions nécessaires. Combien d'hommes m'amenez-vous, capitaine ?

Le capitaine Deflue
Trente-deux, tous jeunes et bien entraînés.

Le marquis de Launay
Très bien… Mais l'important pour moi n'est pas qu'ils soient jeunes et bien entraînés. C'est qu'ils soient suisses.

Le capitaine Deflue
Merci, monsieur le gouverneur. Je suis flatté…

Le marquis de Launay
Non, non… je veux simplement dire qu'en tant qu'étrangers, ils n'iront pas pactiser avec la populace. Mes vieux invalides sont connus dans le quartier et ils y connaissent tout le monde… En cas d'attaque…

Le capitaine Deflue
Je comprends... À votre service, monsieur le gouverneur. L'ordre, c'est l'ordre. Les Suisses obéissent toujours aux ordres.

Le marquis de Launay
Parfait. Sergent, vous les ferez loger dans les cellules inoccupées.

Le vieux sergent
Bien, monsieur le gouverneur. La peste soit de ces Suisses !

Le marquis de Launay
Merci, sergent ! *(Le sergent sort.)* Je vous fais visiter... Nous voici au sommet de la Bastille. D'ici vous voyez tout Paris.

Le capitaine Deflue
Quelle vue ! La Seine, Notre-Dame, le Louvre... Et en bas, toute cette population qui s'affaire. On dirait des fourmis.

Le marquis de Launay
Je me méfie de ces fourmis.

Le capitaine Deflue
Mais... que craignez-vous ? Cette énorme forteresse avec ses huit tours... Et en hauteur, octante pieds, peut-être nonante...

Le marquis de Launay
Cent, cher monsieur... cent pieds de haut !

Le capitaine Deflue
... Comme un énorme éléphant à huit pattes couché sur le dos au milieu de la ville... et avec son enceinte et son double pont-levis. Imprenable !

Le marquis de Launay
Je me méfie, on ne sait jamais ! Venez, redescendons...
Et justement, j'ai du travail pour vos hommes : on va nous livrer deux cent cinquante barils de poudre ; toute la provision de poudre de Paris ! Pour la mettre à l'abri.

Le capitaine Deflue
Je comprends : c'est en réalité cela qu'il faut défendre.

Le marquis de Launay
Pas seulement, pas seulement... Mais avant de la défendre, il faut la réceptionner et la stocker dans nos sous-sols. Vos Suisses sont plus solides que mes invalides pour manipuler ces gros tonneaux. Pouvez-vous vous en occuper ?

Le capitaine Deflue
Mais certainement, monsieur le gouverneur.

Le marquis de Launay
Alors, allez.

3e tableau

L'émeute

Le commentateur : *La scène se passe dans les jardins du Palais-Royal. Il y a là Camille Desmoulins, un jeune avocat exalté, un bourgeois de Paris avec son fils, un artisan-ébéniste du faubourg Saint-Antoine et la femme de l'ouvrier.*

Camille Desmoulins

Le roi se prépare à un coup de force contre les Parisiens. Il a réuni ses régiments étrangers autour de la capitale et il va nous attaquer. Mais nous ne voulons pas devenir esclaves, il nous faut des armes.

La femme de l'ouvrier

Il y en a à l'hôtel de ville…

L'artisan-ébéniste
Nous les avons déjà prises, mais cela ne suffit pas.

Le bourgeois
Moi, je vous dis : il faut aller aux Invalides. C'est là que l'armée a emmagasiné ses fusils et ses canons.

La femme de l'ouvrier
Eh ! Bourgeois, tu n'en sais rien...

Le bourgeois
On me l'a dit, pourtant. J'ai mes renseignements.

L'artisan-ébéniste
Alors, allons-y. Nous verrons bien. Nous ne pouvons rien faire si nous ne sommes pas armés...

L'ouvrier *(entrant).*
N'y allez pas... Ça y est, nous avons forcé les Invalides et nous avons distribué trente mille fusils à la population de Paris.

La femme de l'ouvrier
Tu as mangé du lion, mon homme !

Tous
Hourra ! Hourra !...

L'ouvrier
Mais si nous avons les fusils, nous n'avons ni la poudre ni les balles.

Tous
Oooh !...

L'artisan-ébéniste
Les balles, nous savons les fondre, avec du plomb... mais la poudre !

Camille Desmoulins
Mes amis, savez-vous où est la poudre ?

La femme de l'ouvrier
Dites-le nous vite...

Camille Desmoulins
Elle est à la Bastille : on l'a fait porter là-bas pour la mettre à l'abri.

Tous
Nous ne pourrons jamais prendre la Bastille !

L'ouvrier
Mais si : en plus des fusils, nous avons récupéré aux Invalides des canons... Et encore mieux, les régiments des gardes-françaises ont rejoint le peuple et sont venus se mettre au service de la nation.

Tous
Vite, à la Bastille !

4e tableau

Un peu de politique

Le commentateur : *L'action se situe toujours dans les jardins du Palais-Royal. Restent le bourgeois et son fils, une sorte de grand dadais à qui il faut tout expliquer.*

Le bourgeois
Savez-vous ce qu'est la Bastille, mon fils ?

Le fils du bourgeois
Non, mon père...

Le bourgeois
Une prison ! Une prison dans laquelle les rois faisaient autrefois enfermer sans jugement ceux qui leur déplaisaient. Mais il faut bien avouer qu'aujourd'hui, le roi Louis XVI n'est pas très porté sur la Bastille. C'est un homme faible, mais un homme bon. Et il n'y a que sept prisonniers à la Bastille. Chut... Je ne suis pas censé le savoir.

Le fils du bourgeois
Sept, cela ne fait pas beaucoup, mon père.

Le bourgeois
Non, mon fils : quatre faux-monnayeurs, deux fous, plus un jeune écervelé sans importance... Ce qui fait en tout cas, qu'en tant que prison, notre pauvre Bastille est tombée bien bas. Et il est même prévu de la démolir, à plus ou moins brève échéance. Et de faire un jardin à la place.

Le fils du bourgeois
Ce serait une bonne idée, mon père. Les Parisiens iraient y jouer le dimanche. Cela ferait plaisir au roi. On ferait voguer des bateaux sur les pièces d'eau. Mais alors, pourquoi les émeutiers se sont-ils précipités pour attaquer la Bastille ?

Le bourgeois
Pour deux raisons, jeune imbécile : la première parce qu'elle est quand même le symbole du pouvoir absolu et arbitraire des rois, que nous ne voulons plus ; ils y ont fait emprisonner trop de monde. La seconde parce que la Bastille est non seulement une prison, mais une redoutable forteresse et que... ? Allons, dites-le...

Le fils du bourgeois
Et que... Je ne sais pas...

Le bourgeois
On vous l'a pourtant déjà expliqué ! Si seulement vous aviez regardé le début de cette pièce : c'est là que le ministre de la Guerre a fait enfermer toute la poudre de Paris.

Le fils du bourgeois
Ah oui, ah oui, cette poudre qu'il faut mettre dans les fusils pour que partent les balles.

Le bourgeois
Vous y êtes. Aussi, suivons le peuple en armes et allons voir ce qui va se passer.

5e tableau

L'assaut

Le commentateur : *La scène se situe sur la terrasse supérieure de la Bastille. Le marquis de Launay est plus incertain que jamais : il ne sait pas ce qu'il veut. Le capitaine Deflue pense, lui, que s'il est soldat, c'est pour se battre. Le vieux sergent essaie d'empêcher l'irréparable...*

Le marquis de Launay
Ça y est : ils ont appris que nous avions de la poudre et ils viennent la chercher... Grand Dieu ! Regardez toute cette foule menaçante qui nous entoure...

Le capitaine Deflue
Ce serait bien la première fois qu'une populace inexpérimentée viendrait à bout d'une forteresse pareille. Il n'y a qu'à tirer dans le tas.

Le marquis de Launay
Vous n'y songez pas ! Nous ne tirerons pas sur le peuple de Paris. Pas encore... Nous allons au contraire reculer les canons : cela les calmera peut-être.

Le capitaine Deflue
... Bien, retirez les canons !

Le vieux sergent
Monsieur le gouverneur, venez voir. Ils ont baissé le pont-levis et forcé la première porte... Ils se précipitent en masse dans la première cour d'enceinte.

Le capitaine Deflue
Voilà ce que c'est que d'avoir retiré les canons.

Le marquis de Launay
Alors, faites avancer les canons... *(Un temps d'hésitation.)* Non, reculez-les.

Le capitaine Deflue
Vous ne savez pas ce que vous voulez...

Le marquis de Launay
Vous avez raison : avancez-les. Cela leur fera peur !

Le vieux sergent
Ils n'ont pas peur du tout, ils avancent toujours... Mais voici un émissaire du peuple.

Le chef de district *(entrant).*
Monsieur, je suis Thuriot, le chef du district : les Parisiens ont pris possession de la ville ! Je vous somme de rendre la Bastille au peuple, à qui elle appartient.

Le marquis de Launay
Le roi, le peuple... Comment voulez-vous que je m'y retrouve... Monsieur, je ne vous connais pas. Jamais je ne rendrai la Bastille.

Le chef de district
Monsieur le gouverneur, je vais porter votre réponse au peuple qui vous fera savoir ses décisions. *(Il sort.)*

Le marquis de Launay
Ses décisions... Attendez, monsieur, attendez !

Le vieux sergent
Ça y est, ils ont amené deux canons qu'ils ont mis en batterie devant la seconde porte.

Le capitaine Deflue
Et en plus, ils nous tirent dessus au fusil... Ils vont nous forcer... Tirez, mais tirez donc...

Le vieux sergent
Non, ne tirez pas !

Le capitaine Deflue
Feu ! *(On entend le bruit de la fusillade et du canon.)*

Le vieux sergent
Ces Suisses ne comprennent rien à la situation !

Le marquis de Launay
Il y a des morts, là en bas... Vous n'auriez pas dû !

Le capitaine Deflue
Un peu de courage, monsieur le gouverneur. Avez-vous peur du sang ? Nous n'allons pas nous rendre, tout de même…

Le vieux sergent
Ils reviennent… Il y en a beaucoup. Ils se préparent à tirer au canon contre la porte…

Le marquis de Launay
Vous avez raison, capitaine. Non, nous n'allons pas nous rendre. Je vous prie de leur faire porter ce billet. *(Il écrit, le capitaine Deflue prend le billet et sort.)*

Le vieux sergent
Qu'est-ce que vous avez écrit sur ce billet ?

Le marquis de Launay
Que s'ils ne se retiraient pas immédiatement, je faisais sauter la Bastille.

Le vieux sergent
Mais, avec toute la poudre qui est dans les caves, cela détruira tout le quartier ! Et combien de morts… ? Vous ne pouvez pas faire ça, monsieur le gouverneur.

Le marquis de Launay
Qui m'en empêcherait ?

Le vieux sergent
Nous, vos vieux soldats, qui avant tout appartenons au peuple français. La Bastille ne sautera pas. *(Il lui barre le chemin.)*

Le marquis de Launay
Décidément, ils sont tous d'un avis contraire… À la fin, je ne sais plus ce qu'il faut faire…

Le capitaine Deflue *(rentrant).*
Alerte, alerte : ils ont forcé la porte principale, ils sont entrés dans la cour…

Le marquis de Launay
Alors, nous ne pouvons plus rien. Il ne nous reste plus qu'à nous rendre.

Le capitaine Deflue
Quoi, sans combattre ?

Le marquis de Launay
C'est un ordre, capitaine. Sergent, hissez le drapeau blanc.
(Le sergent hisse le drapeau blanc.)

6e tableau

Le roi Louis XVI consent à tout

Le commentateur : *La scène se passe à l'hôtel de ville. Tous les personnages de la scène de l'émeute sont rassemblés, représentant le peuple de Paris. En plus, M. Bailly, qui vient d'être élu maire de Paris et La Fayette, qui vient d'être nommé général de la garde nationale sont là... Le roi Louis XVI, qui a consenti à venir à Paris, ne fait pas preuve de beaucoup de caractère.*

Louis XVI
Hé bien! Messieurs, je suis venu ici à votre demande...

Ils gardent tous un silence oppressant...
Le roi examine les personnes présentes.

Louis XVI
Donc... Qui êtes-vous, monsieur?

Bailly
Je suis l'astronome Bailly. Les Parisiens m'ont élu maire de Paris.

Louis XVI
Mais jusqu'à présent, il n'y avait pas de maire à Paris.

Bailly
Les Parisiens ont jugé qu'il était bon qu'il y en ait un.

Louis XVI
Ah, s'ils l'ont jugé bon... Et vous avez pris la Bastille, il paraît...

Bailly
Oui, Sire.

Louis XVI
Quelle idée!... Mais cela est bien... Puisque c'est fait, c'est bien... Que faites-vous ici, monsieur de La Fayette?

La Fayette
Les Parisiens ont formé une garde nationale et il m'en ont nommé général... à condition que vous acceptiez...

Louis XVI
Les Parisiens décident donc de tout! Je vous félicite très chaleureusement, monsieur de La Fayette... Après avoir libéré les Américains, voilà que vous libérez les Parisiens. Mais qu'est-ce que c'est que cette cocarde que vous portez à votre chapeau, monsieur Bailly?

Bailly

C'est la cocarde tricolore : le bleu et le rouge sont les couleurs de la ville de Paris. J'y ai fait ajouter le blanc, qui est la couleur de la royauté. Ne voulez-vous pas l'épingler à votre chapeau ?

Louis XVI

Mais bien volontiers... *(Il épingle la cocarde.)* Voilà ! Vous devez me trouver bien faible, messieurs...

Quelques voix clairsemées

Vive le roi ! Vive le roi !...

Louis XVI

Merci... Allons, je crois que j'ai sauvé mon trône et il n'y a plus rien à dire : je m'en vais rentrer à Versailles.

Rideau

8 PERSONNAGES

- le professeur
- Rouget de L'Isle
- le Baron de Dietrich, maire de Strasbourg
- Marseillais 1
- Marseillais 2
- Marseillais 3
- Marseillais 4
- Klopstock, le poète allemand

1 COMMENTATRICE

- une élève symbolisant « La Marseillaise » de Rude

La Marseillaise

À savoir pour mieux comprendre

Desaix :
Général français né en 1768 et mort à Marengo en 1800. C'est grâce à son intervention que les Français remportèrent la victoire de Marengo sur les Autrichiens.

Carnot :
1753-1823. Organisateur des armées de la République et stratège responsable des plans de campagne. Ministre de la Guerre en 1800, il fut surnommé « l'organisateur de la victoire ».

Dumouriez :
Général français né en 1739. Commandant de l'armée du Nord, il remporta la bataille de Valmy sur les Prussiens en 1792. Cette victoire fut décisive car elle rendit confiance à l'armée française qui, toujours commandée par Dumouriez, battit les Autrichiens à Jemmapes six semaines plus tard.

Hoche :
Général né en 1768. Il fit échouer l'attaque des royalistes émigrés qui, avec l'aide des Anglais, tentèrent de débarquer à Quiberon en 1795. À sa mort, en 1797, il était ministre de la Guerre.

Accessoires et costumes

Costumes d'époque pour tous.
Un drap blanc et un glaive pour la commentatrice/Marseillaise.
Une feuille de papier avec *La Marseillaise*.
Des armes et cocardes pour les quatre Marseillais.

Conseils de mise en scène

La commentatrice lira l'introduction. Elle joindra sa voix au chœur des Marseillais en prenant une pose guerrière comme celle représentée sur le bas-relief de Rude «Le départ des volontaires de 1792», plus connu sous le nom «La Marseillaise», figurant sur l'Arc de Triomphe (voir ci-dessous). Elle pourra également encourager le public à reprendre le refrain avec tous les acteurs à la fin de la saynète.

La Marseillaise

de Michel Fustier

Introduction

Rouget de l'Isle a composé La Marseillaise en une nuit à Strasbourg. C'est un chant de liberté qui a immédiatement connu un succès considérable. Les échos en ont retenti dans le monde entier...

Le professeur
Vous êtes bien Rouget de l'Isle.

Rouget de l'Isle
Oui...

Le professeur
Claude-Joseph ?

Rouget de l'Isle
C'est bien ça.

Le professeur
Capitaine dans le Génie à l'armée du Rhin ?

Rouget de l'Isle
Exact.

Le professeur
J'ai bien reçu votre travail de la semaine dernière... Je l'ai regardé de près et je vous ai mis cinq et demi sur dix.

Rouget de l'Isle
Seulement !

Le professeur
C'est un travail appliqué, touchant même, par certains côtés, mais somme toute quelconque... Pas de quoi enthousiasmer les foules. Cinq pour le poème et six pour la musique. Ce qui fait cinq et demi de moyenne. Je vais vous montrer mes corrections...

De Dietrich *(entrant)*.
Je suis le baron de Dietrich, maire de Strasbourg... Nous sommes en 1792 et les armées de l'Europe des rois menacent sur tous les fronts notre jeune Révolution, particulièrement ici, sur le front de l'est. Derrière la frontière se préparent en effet la redoutable armée prussienne et la non moins redoutable armée austro-hongroise. Contre elles, les volontaires français affluent

de tout le pays… Mon cher Rouget de l'Isle, votre chant patriotique tombe à pic : il est sublime, il va galvaniser nos troupes. Je l'ai chanté hier, ma femme m'accompagnait au clavecin… Quel extraordinaire coup de génie !

Rouget de l'Isle
Merci. Cela m'est venu sans savoir comment.

Le professeur
Monsieur le maire, pardonnez-moi. Je ne suis pas de votre avis. Je trouve qu'il y a dans cet… essai beaucoup de faiblesses de style.

De Dietrich
Je trouve qu'il s'en dégage au contraire énormément de force. Et justement, les volontaires marseillais, qui, même s'ils ne sont point des enfants de chœur, sont des enfants de la patrie, viennent d'en faire leur hymne favori. *(Entrent quatre Marseillais.)* Avant tout, écoutez-les !

Les quatre Marseillais *(chantant en chœur).*
Allons, enfants de la Patrie…
Le jour de gloire est arrivé !
Contre nous de la tyrannie
L'étendard sanglant est levé *(bis)*
Entendez-vous dans les campagnes
Mugir ces féroces soldats
Ils viennent jusque dans nos bras
Égorger vos fils et vos compagnes…
Aux armes, citoyens, formez vos bataillons
Marchons, marchons,
Qu'un sang impur abreuve nos sillons.

Rouget de l'Isle
Hein, vous ne trouvez pas que cela sonne bien ?

Le professeur
Pardon, pardon… Et vous dites que vous avez composé cela en une nuit ?

Rouget de l'Isle
Oui, en une nuit.

Le professeur
Ça se voit, travail bâclé ! Et puis rempli d'expressions ridicules et de lieux communs : la gloire, la patrie, l'étendard, et surtout l'étendard sanglant, la tyrannie ; maintenant, on dit la dictature ! Et les soldats qui mugissent… Les vaches mugissent, pas les soldats. Et puis égorger, c'est un peu trop réaliste… je ne parle pas du sang impur, quelle mauvaise liaison : le sankimpur, le sankimpur…

Marseillais 1
Eh bien, nous, nous trouvons que c'est un air qui a des moustaches.

Marseillais 2
Et qu'il vous donne des envies de marcher face à l'ennemi.

Marseillais 3
Et qu'il vous fait sortir tout seul les sabres du fourreau.

Marseillais 4
Et que, s'il était besoin, il vous ressusciterait les morts.

Le professeur
Allons, allons, je suis professeur de littérature et d'orthographe...

Rouget de l'Isle
Je l'avais d'abord appelé «*Chant de l'armée du Rhin*», mais comme ce sont les Marseillais qui l'ont fait connaître, c'est tout de suite devenu *La Marseillaise*.

De Dietrich
Et les soldats se sont emparés de lui et partout, dans toutes les armées, sur tous les fronts, on le chante. Vous voyez bien, monsieur le professeur : avec cet air-là, on remporte des batailles. Écoutez ce que disent nos généraux. Le général Desaix :

Marseillais 1
«J'ai gagné la bataille : *La Marseillaise* commandait avec moi.»

De Dietrich
Et le général Carnot :

Marseillais 2
«Si vous ne pouvez pas m'envoyer un renfort de mille hommes, envoyez-moi une édition de *La Marseillaise*.»

De Dietrich
Et le général Dumouriez :

Marseillais 3
«Si l'ennemi attaque, baissez vos baïonnettes, entonnez *La Marseillaise* et vous vaincrez...»

De Dietrich
Et le général Hoche :

Marseillais 4
«Sans *La Marseillaise*, je peux me battre à un contre deux. Avec *La Marseillaise*, je me bats à un contre quatre.»

Le professeur
Les généraux n'y connaissent rien... Croyez-en les professeurs : ils savent tout !

Klopstock *(entrant).*
Je suis le poète allemand Klopstock... Mon cher professeur, M. Rouget de l'Isle est un homme terrible : il nous a moissonné cinquante mille soldats allemands avec sa *Marseillaise* !

Le professeur
Monsieur, si vous êtes poète, vous m'aiderez à convaincre M. Rouget de l'Isle que son chant patriotique ne vaut pas tripette. Je lui ai dit ce que je pensais des paroles, pour qu'il puisse les corriger ; mais je voudrais maintenant insister sur la musique dont les rythmes sont pauvres et communs : pa-pa, pa-pam, etc. Quant à la mélodie, elle n'a rien que de banal...

Klopstock
Oui... Vous avez raison, monsieur le professeur, mais – et je vous le concède, c'est un mystère – le mélange de toutes ces choses bien connues produit un effet enthousiasmant. Et la preuve : savez-vous qu'après avoir emporté la Révolution et l'Empire, *La Marseillaise* a franchi les siècles et qu'elle est devenue le chant de tous les peuples qui aspirent à la liberté ? On l'a chantée en Espagne, en Russie, en Pologne, en Hongrie, au Chili, en Chine... dans les émeutes, dans les prisons, dans les camps de concentration. *La Marseillaise* n'est pas seulement l'hymne national des Français, elle est l'hymne de tous ceux qui dans le monde entier luttent contre l'oppression, « un chant éternel offert aux nations ».

Le professeur
Je vois bien qu'il faut que je me rende...

Klopstock
Cela vaudra mieux.

De Dietrich
Allons, messieurs, à vous de terminer cette discussion :

Les quatre Marseillais *(chantant en chœur avec tous les autres).*
Amour sacré de la patrie,
Conduis, soutiens nos bras vengeurs,
Liberté, liberté chérie,
Combats avec tes défenseurs ! (bis)
Sous nos drapeaux que la victoire
Accoure à tes mâles accents,
Que nos ennemis expirants
Voient ton triomphe et notre gloire.
Aux armes, citoyens, formez vos bataillons.
Marchons, marchons.
Qu'un sang impur abreuve nos sillons.

Ils saluent tous.

Rideau

6 PERSONNAGES

- Napoléon
- Clémence (très insolente et agressive)
- Brigitte (grande admiratrice de Napoléon : un homme qui fait rêver !)
- Jean-Michel (nonchalant mais très clairvoyant : esprit de synthèse)
- Étienne (le fort en thème : il connaît très bien les détails)
- Jeanne (opposée à la Révolution et à Napoléon)

Austerlitz

À savoir pour mieux comprendre

Channel : nom donné en général par les Anglais et les anglophones à la Manche.

Moravie : région de la République tchèque à l'est de la Bohême.

Accessoires et costumes

Costume d'époque pour Napoléon Ier (réalisés à partir de l'illustration p. 121).
Cinq tables.
Six chaises.
Une carte murale représentant l'Europe.
Un tableau mobile.
De la craie.

Conseils de mise en scène

Au début de la scène, les cinq élèves seront installés à leurs places dans la classe. On pourra imaginer que l'un d'entre eux s'adresse au public pour préciser que la classe vient d'étudier l'histoire de Napoléon et se prépare à passer un examen. Cette explication sera immédiatement suivie par l'entrée en scène de Napoléon Ier.

Le croquis utilisé par Étienne, pour illustrer les mouvements de troupes durant la bataille d'Austerlitz, pourra s'inspirer des plans présentés à la page 127. Il sera réalisé à la craie sur le tableau mobile.

L'ITINÉRAIRE DE NAPOLÉON Ier JUSQU'À AUSTERLITZ

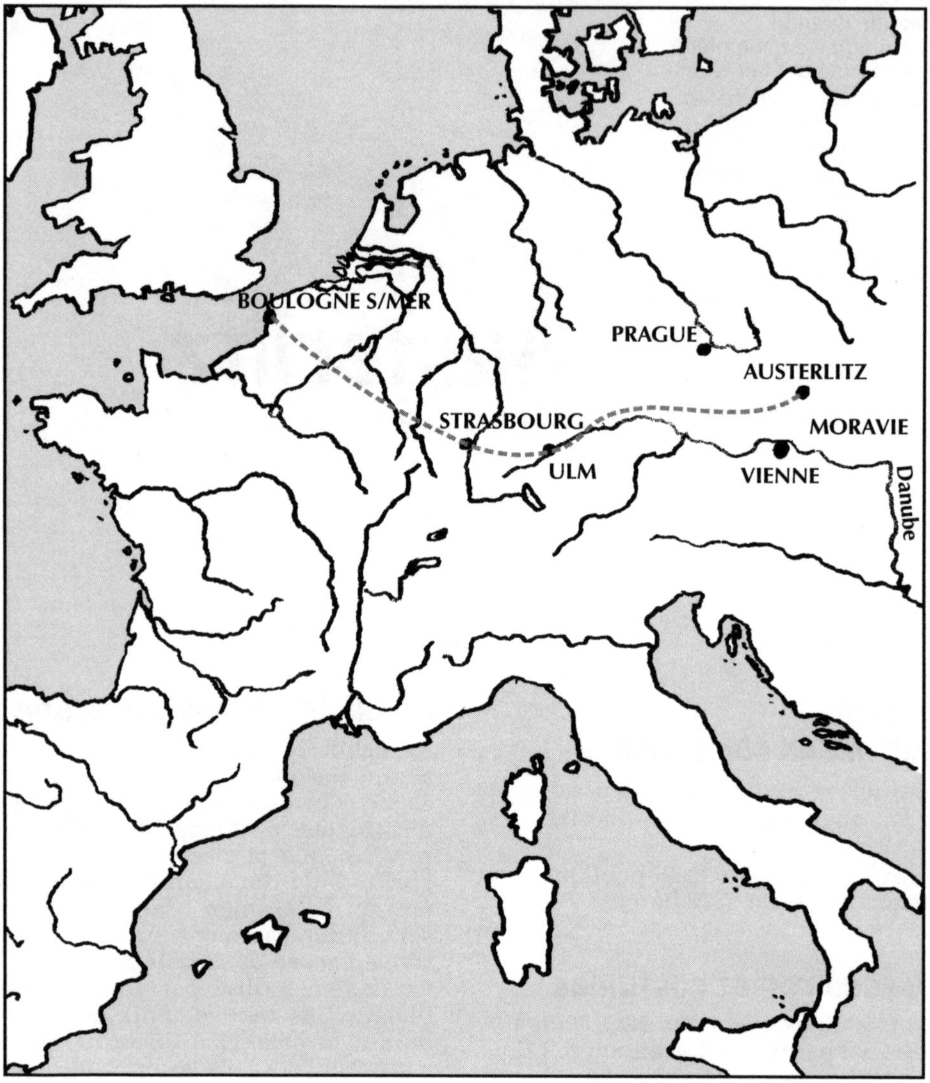

Austerlitz

de Michel Fustier

Introduction

Une classe imaginaire vient d'étudier l'histoire de Napoléon. Ils se préparent à passer un examen : et, ô surprise, c'est Napoléon lui-même qui vient les interroger.

1er tableau

Napoléon *(entrant de dos et parlant à un interlocuteur que l'on ne voit pas).*
Mais bien volontiers... Je vais leur faire passer un petit examen et je vous dirai ensuite ce que je pense de votre enseignement. Ils sont là... Oui, très bien, je les vois. Je me débrouille avec eux. *(Aux cinq élèves.)* C'est moi...

Tous *(murmure indistinct).*
Ah!...

Clémence
Ça alors!

Napoléon
Vous me reconnaissez?

Clémence
Naturellement... cette question! Vous êtes au programme.

Brigitte
Mais, vous... vous êtes vraiment... Napoléon Ier?

Napoléon
Mais oui, en personne.

Jean-Michel
Vous n'êtes pas un acteur?

Napoléon
Non, non, je suis moi. Bon comédien, mais moi quand même!

Brigitte
C'est formidable, ça! L'empereur...

Étienne
Mais ce n'est tout de même pas vous qui venez pour l'examen d'histoire.

Napoléon

Mais si !... L'examen, un bien grand mot. J'ai surtout voulu faire plaisir à votre professeur... Mais auparavant, je vous passe en revue. Toi, Étienne, tu es le fort en thème... incollable sur les détails. Et toi, grenadier, c'est Clémence, la rouspéteuse...

Clémence

Comment savez-vous ça ?

Napoléon

Je ne serais pas ce que je suis si je ne savais pas... beaucoup de choses. Et toi, c'est Brigitte, l'enthousiaste... Merci Brigitte. *(Il l'embrasse.)* Et toi, c'est Jeanne... le moins qu'on puisse dire... je ne le dis pas. Et toi, Jean-Michel... Ah ! Ah ! mon garçon, comme tu domines bien la question. *(Il lui pince l'oreille.)* L'examen, tout ira bien ! L'examen... De toute façon, je n'ai pas beaucoup de temps à vous consacrer et, entre nous, j'ignore moi-même comment vont les choses et j'ai besoin de savoir exactement qui je suis aujourd'hui.

2e tableau

Brigitte

Eh bien, là-dessus, il n'y a pas de doute...

Jean-Michel

Mais comment faut-il vous appeler ?

Brigitte

Moi, je dirais bien : Majesté...

Jeanne

Mais non, c'est complètement ridicule, il ne règne plus et nous ne sommes pas ses sujets.

Étienne

Elle a raison. Alors : Sire... Ce serait plus familier, mais respectueux quand même.

Clémence

Respectueux, respectueux ! Et pourquoi pas Napoléon, tout simplement ? C'est son nom après tout. Tous nos professeurs, sauf cette vache de Mme Cumin, on les appelle par leurs prénoms... Et toi, qu'est-ce que tu en penses ?

Jean-Michel

Moi ! J'aurais plutôt dit : monsieur ! Mais Napoléon aussi, ce serait très bien.

Napoléon
Eh bien, le peuple français a voté, ce sera Napoléon... Pourquoi pas ? Ca m'était déjà arrivé !

Clémence
Sur quoi est-ce que... tu vas nous interroger ?

Napoléon
Ah, parce que vous me tutoyez aussi... Entendu, citoyens ! Mais sur ce que vous voudrez.

Brigitte
J'aimerais que ce soit Austerlitz. Je trouve que c'est une bataille formidable.

Napoléon
Ah, mais si vous connaissez aussi le nom de mes batailles !
Je pensais que tout ça était oublié depuis longtemps.

Étienne

Mais pas du tout. D'abord, il y a une gare qui s'appelle comme ça, et puis, nous avons un excellent professeur.

Jean-Michel

Et aussi, il faut dire que, depuis que tu es venu, en deux siècles d'histoire de France, on n'a pas eu beaucoup de grands hommes à se mettre sous la dent.

Clémence

Tu exagères : et Victor Hugo, et Clemenceau, et de Gaulle ?

Brigitte

Je te les laisse. Ils ne sont pas mal, mais lui, il est fascinant… Ah !

3e tableau

Jeanne

Si vous commencez à porter des jugements, moi, je tiens à dire que je ne t'admire pas du tout : une brute sanguinaire, voilà tout ce que tu as été.

Napoléon

Allons, mes enfants, j'ai toujours été très discuté, je le sais, mais ne vous querellez pas, pas pour moi. Donc, Austerlitz ?

Jeanne

Tu dois savoir, en tout cas, que je serai sans complaisance.

Napoléon

Très bien, Jeanne, je me le tiens pour dit… Mais toi, sache que je te trouve un très joli brin de fille !

Jeanne

Ah non ! Vous n'êtes pas mon genre… Ne me le faites pas à la séduction…

Napoléon

Très bien, j'y prendrai garde. Eh bien, que savez-vous d'Austerlitz ?

Jeanne

En particulier que tu as fait tirer à boulets rouges sur la glace et que les pauvres Russes se sont noyés par milliers… C'était dans les étangs de… J'ai oublié !

Étienne

De Sokolnitz. Pour bien critiquer, il faut savoir !

Napoléon

Ah, dites donc ! Vous êtes très renseignés ! Mais ce que tu dis, Jeanne, c'est la légende : le lendemain de la bataille, j'ai fait draguer le marais et on y a trouvé beaucoup de canons russes, mais tout au plus une centaine de cadavres d'artilleurs déjà blessés, les autres s'étaient tirés d'affaire tout seuls... Les étangs n'étaient pas profonds !

Clémence
Et de toute façon, la bataille s'achevait, la nuit tombait déjà. Les Russes et les Autrichiens s'enfuyaient de tous les côtés...

Napoléon
Exact.

Jeanne
Boucherie inutile, donc...

Jean-Michel
Jeanne, tu es stupide : ils n'étaient pas venus lui apporter des fleurs, les artilleurs russes. Et puis, il ne faut pas commencer par la fin. Moi, je pense que la bataille d'Austerlitz, elle a commencé bien avant d'être livrée.

4e tableau

Napoléon
Ah ! Voilà qui est intéressant... Et quand donc ?

Jean-Michel
Sur les bords du Channel... Étienne, comment s'appelait le camp où l'empereur avait réuni toute son armée pour envahir l'Angleterre ? Moi, les noms, je ne m'en souviens jamais.

Étienne
Des camps, il y en avait un peu partout sur la côte de la Manche. Mais le principal, c'était le camp de Boulogne-sur-Mer.

Jean-Michel
C'est bien ça, Boulogne.

Clémence
Boulogne ! Qu'est-ce que tu racontes ? Austerlitz, c'est de l'autre côté de l'Europe, au-dessus de la Hongrie, pas loin de la Russie ! Tu confonds tout.

Jean-Michel
Mais pas du tout. Ils sont partis de Boulogne... Demi-tour, en avant, marche !

Clémence
Combien est-ce qu'il y a de kilomètres de Boulogne à Austerlitz ?

Étienne

Plus de deux mille!... Deux mille cinq cents peut-être. Napoléon leur avait donné des tas de paires de souliers...

Brigitte

Tu vois comme il était!

Clémence

Et tu prétends que Napoléon, enfin, lui, là, il est parti de Boulogne en disant : «bonsoir, je pars pour Austerlitz».

Jeanne

De toute façon, il ne savait pas ce qu'il voulait...
C'était une girouette, la preuve!

Jean-Michel

Au contraire, il savait très bien ce qu'il voulait...
Comme il ne pouvait pas envahir tout de suite l'Angleterre, parce que la flotte française n'était pas arrivée, il décide d'aller battre les Russes et les Autrichiens qui commençaient là-bas à former une armée pour envahir la France.

Clémence

Et ça a pris combien de temps, cette petite balade?

Étienne

Oh, pas longtemps. Ils sont partis de Boulogne, voyons... début septembre et ils sont arrivés le 20 novembre à Austerlitz...
Strasbourg, d'abord, ensuite la Forêt-Noire et la vallée du Danube...
La bataille a eu lieu le 2 décembre.

Clémence

Ça fait quand même deux mois et demi de marche!

Brigitte

Ce sont des héros! Marcher comme ça, et puis livrer une grande bataille, affamés, épuisés... et remporter la victoire.

Jeanne

Pauvres soldats, c'est inhumain...

Étienne
Sans oublier d'ajouter qu'au passage ils s'étaient déjà bien battus et qu'ils avaient pris la ville fortifiée d'Ulm, où ils ont fait quarante mille prisonniers autrichiens, qui n'en reviennent pas...

5e tableau

Napoléon
Mes enfants, je suis émerveillé de tout ce que j'entends ! Moi qui avais peur que l'on ait oublié jusqu'à mon nom. Je vous mettrai de très bonnes notes à votre examen.

Clémence
Même à Jeanne ?

Napoléon
Naturellement. En d'autres temps, je l'aurais fait exiler !
Mais aujourd'hui, je comprends très bien ce qu'elle veut dire...
même si je ne la trouve pas toujours très bien informée...
Mais c'est vraiment votre professeur qui vous a dit tout ça ?

Étienne
Nous avons lu des livres, aussi.

Napoléon
Ah oui ! Lesquels ? J'aimerais bien voir ça...

Jean-Michel
Il y en a beaucoup ! Nous avons lu chacun le nôtre.

Napoléon
Faites m'en une pile, je les regarderai ce soir, ça m'intéresse.

Brigitte
Moi, je voudrais bien qu'on en vienne à Austerlitz, c'est quand même l'essentiel. Ulm, c'est bien joli, mais là-bas, en Moravie, les Russes attendaient de pied ferme.

Étienne
Il y avait des Autrichiens aussi...

Jean-Michel
Oui, bien sûr... Mais je trouve qu'il n'y en a qu'un qui puisse en parler vraiment...

Brigitte
Tu veux dire Étienne ?

Jean-Michel
Mais non ! Étienne sait tout, mais il n'y était tout de même pas. Je veux dire, lui, Napoléon !

Clémence
Mais ce n'est pas lui qui passe l'examen.

Jean-Michel
Pour une fois qu'on l'a sous la main, un témoignage direct ! Il nous mettrait les notes qu'il aurait lui-même méritées… Ce que l'on retiendrait bien ! Ça ne t'ennuierait pas ?

Clémence
Mais bien sûr que non, que ça ne l'ennuiera pas ! On est toujours si content de parler de soi.

Jean-Michel
Ne sois pas désagréable. Venez, on se met en cercle et on écoute.

6e tableau

Napoléon *(assis les bras sur le dossier de la chaise).*
Donc, les Russes, effectivement, nous attendaient au fond de l'Europe. C'était un piège… Nous sommes en pays ennemi, loin de nos bases ; nous avons marché, marché… Nous sommes deux fois moins nombreux et ils pensent qu'ils vont nous manger tout crus : ça n'était pas si mal pensé sauf que ça n'était pas pensé du tout, car ils ne savaient pas que nous viendrions ! Donc nous arrivons… Mais avant tout, nous nous reposons quelques jours : des deux côtés, nous sommes bien fatigués ! Et puis c'est fin novembre, il fait déjà froid… Les Russes s'imaginaient que nous allions demander à négocier : ils nous font même des propositions de reddition : mais pas question !… Je profite du répit pour examiner le terrain, choisir mon emplacement. Ce serait près du village d'Austerlitz que nous livrerons la bataille décisive. Et nous allons tâcher d'imposer à l'adversaire une stratégie d'encerclement…

Jean-Michel
C'était la stratégie oblique ?

Napoléon
Exactement ! Tu sais ce que c'est que la stratégie oblique ?

Jean-Michel
C'est le grand Frédéric qui l'avait mise au point : ça consistait à tourner l'ennemi sans qu'il ait le temps de réagir !

PROJET D'ENCERCLEMENT (STRATÉGIE OBLIQUE)

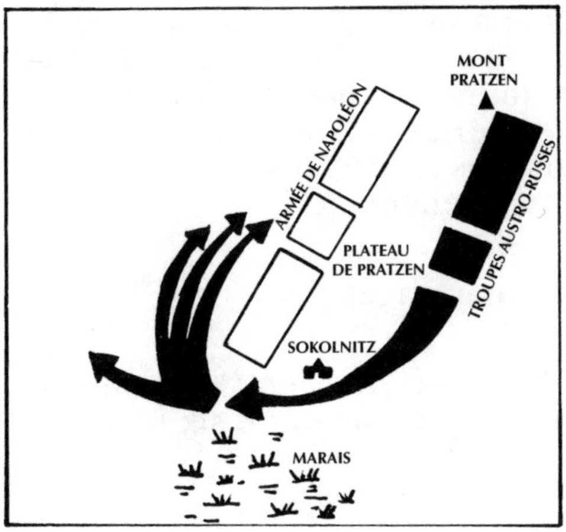

ATTAQUE FRANÇAISE (RUPTURE DE L'ENNEMI)

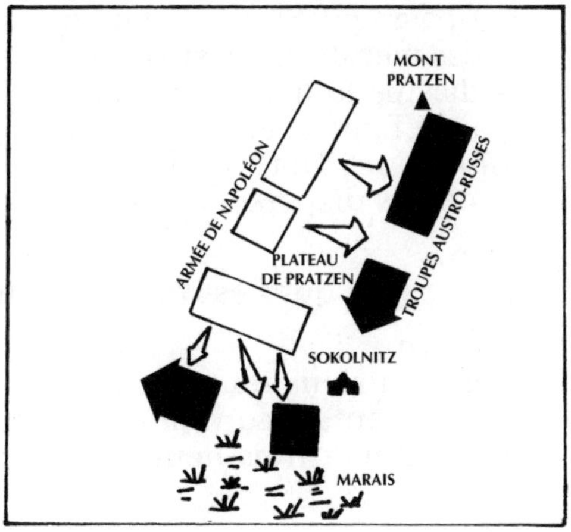

Clémence

Je ne comprends pas...

Étienne

Et si : au lieu d'attaquer les troupes adverses de face, on leur passait par derrière et elles ne savaient plus où donner de la tête.

Napoléon

Tout à fait. Eh bien, la stratégie oblique était alors le nec plus ultra de la stratégie, tellement fameuse que j'étais sûr que les Russes l'emploieraient contre nous. Et en effet, le 2 décembre, vers deux trois heures du matin, ils commencèrent leur mouvement d'encerclement...

Étienne

En descendant du plateau de Pratzen ?

Napoléon

Ah, mais dites donc ! Décidément, vous en savez des choses !... Oui, en descendant du plateau de Pratzen. On les voyait dans la nuit claire... Étienne, fais-nous donc un petit croquis... Un petit croquis vaut mieux qu'un long discours !

Étienne *(il se lève et va au tableau).*

Ici, le mont Pratzen. Du mont Pratzen, les Russes qui descendaient... Nous en bas, derrière une petite rivière : ils allaient essayer de nous tourner pas là, à Sokolnitz... *(Il montre.)*

Napoléon

Très bien... J'ai justement découvert ma droite pour qu'ils aient envie de l'enfoncer... Mais la stratégie oblique, ça ne marche que si l'ennemi n'est pas au courant du truc : et moi, je les attends au passage ! Et crac, alors que cinquante mille Russes sont en train d'essayer de nous surprendre et que le soleil – le soleil d'Austerlitz ! – dissipe tout à coup les brouillards du matin, nous les attaquons par le flanc avec toutes nos forces disponibles... ici et ici... *(Il montre.)* Nous les bousculons, nous les disloquons, nous les dispersons... Je simplifie, naturellement !

Étienne
Et c'est ça qui s'est terminé dans les marécages ?

Napoléon
Oui, pour quelques-uns... les marécages, là ! *(Il montre.)* Les autres se sont enfuis comme des rats. Et tout s'est joué entre six heures du matin et trois heures de l'après-midi...

7e tableau

Brigitte
Ça valait vraiment la peine de faire ces deux mille cinq cents kilomètres !

Jeanne
Tu trouves ! Je répète ma question : est-ce que c'était bien utile ?

Brigitte
C'est si beau, cette victoire ! Ce qui est beau est toujours bien.

Jean-Michel
Soyons concrets : combien de morts et de blessés ?

Étienne
Dans l'armée française mille trois cents morts, sept mille blessés...

Jean-Michel
Et chez les autres ?

Étienne
On ne sait pas trop : entre les tués et les prisonniers, environ vingt-cinq mille hommes, le tiers de leurs effectifs. Il y a toujours plus de morts chez les vaincus.

Jeanne
Ça fait quand même beaucoup... C'est une grosse responsabilité qu'il a prise.

Brigitte
Est-ce que c'est lui qui l'a prise ? As-tu lu ce qu'il a dit aux ennemis : « Vous me faites une guerre injuste : je ne sais pas

pourquoi je me bats, je ne sais pas ce que l'on veut de moi. »
Tu vois bien que… qu'il n'y était pour rien.

Jeanne
C'est facile de dire ça. Ce sont des belles paroles qui cachent la réalité.

Brigitte
Les mots cachent toujours la réalité… Mais en ce qui concerne Austerlitz, ce n'est vraiment pas lui qui était en train de réunir deux cent mille hommes pour envahir la France ! La réalité, elle était quand même là ! Il ne faut pas être idiot non plus !

Jeanne
S'il n'était pas allé les provoquer, ils ne seraient jamais venus !

Jean-Michel
Qu'en sais-tu ?

Jeanne
Écoute, si les choses en étaient restées là… très bien, je ne dis plus rien. On règle les comptes à Austerlitz et on se tient tranquille : ils règnent tous ensuite pacifiquement sur des pays qui s'enrichissent. C'était possible. Mais en fait, Napoléon aimait la guerre.

Clémence
Il est certain que quand on sait bien faire quelque chose, ça vous démange de continuer à le faire, pas vrai Jean-Michel ?

Jean-Michel
Mais il savait faire aussi très bien des tas d'autres choses ! Il a très bien gouverné, il a fait de très bonnes lois…

Jeanne
Je veux bien qu'on l'ait souvent provoqué, mais, je le répète, il aimait surtout faire la guerre ! Tellement que tout ça s'est terminé par la retraite de Russie, quelle folie !

8e tableau

Napoléon
J'aime beaucoup les petits Français d'aujourd'hui, on croit qu'on va leur faire passer un examen et en fait, ce sont eux qui vous en font passer un. Et si je comprends bien, je suis sur le point d'être recalé.

Jeanne

En ce qui me concerne, oui. Tu as tout de même laissé beaucoup trop de morts sur les champs de bataille.

Brigitte

Pour moi, je ne le condamne pas du tout. Il nous a montré que nous étions capables de grandes choses… Depuis deux siècles, il nourrit tous nos rêves…

Étienne

Le rêve, c'est bien joli… Mais il faudrait faire un bilan précis, sans passion. Les morts, oui, mais tout le reste aussi !

Brigitte

Toi, tu es trop raisonnable ! Comment veux-tu qu'on n'y mette pas beaucoup de passion ?

Jean-Michel

Moi, je serais plus nuancé : il n'est pas grand là où l'on l'imagine, mais… je crois qu'il a simplement payé le prix de la Révolution. Ses guerres, il ne les a tout de même pas faites tout seul ! Les princes et les rois d'Europe étaient les pires ennemis de la liberté des peuples et il leur a montré qu'il fallait compter avec elle… Ça nous a coûté beaucoup de soldats, mais…

Clémence

Tu racontes n'importe quoi ! La liberté, et puis quoi encore ?

Jean-Michel

La liberté coûte cher. On ne peut pas dire ça ?

Jeanne

Napoléon était un tyran, le premier ennemi de la liberté.

Brigitte

Ce n'est pas possible de proférer de pareilles insanités !

Étienne

N'empêche que si Napoléon revenait aujourd'hui, on serait peut-être bien contents qu'il vienne nous aider à remettre de l'ordre dans nos affaires.

Clémence

Hou, là, là !… Moi, je n'en suis pas si sûre. Mais…

Napoléon

Excusez-moi : mon carrosse m'attend, il va falloir que je reparte… Alors, suis-je reçu ? Parlez-en encore entre vous, et puis vous m'enverrez mes notes sur mon bulletin. Je suis très curieux de les connaître !… Vous savez, quand on prépare un examen, on apprend les choses et puis ou on les sait ou on ne les sait pas :

c'est clair. Mais quand on vit, on s'avance dans une espèce de brouillard, et il faut improviser et prendre des risques... Alors, oui, j'en ai pris. Si je n'en avais pas pris, je me serais moins trompé... et encore, je n'en suis pas certain ! En tout cas, petits Français d'aujourd'hui, je trouve que vous savez beaucoup de choses et que vous ne raisonnez pas si mal. Vous avez tous vingt sur vingt à votre examen. J'ai essayé de bâtir l'Europe à ma façon. J'y étais presque arrivé... Votre Europe, à vous, ne se construira pas à force de batailles mais il vous faudra la vouloir de tout votre cœur. Elle sera le fruit de votre ferveur et de votre lucidité. Je vous fais confiance... Adieu.

Rideau

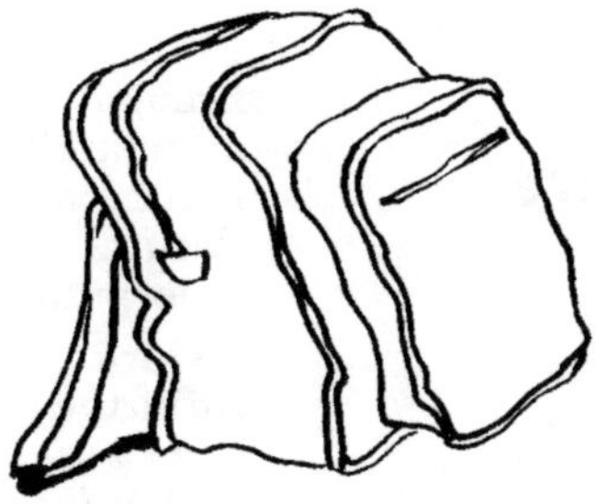

13 PERSONNAGES	1 COMMENTATRICE
• le Kronprinz, prince héritier, commandant en chef des armées allemandes • le général Joffre, commandant en chef des armées françaises • le lieutenant-colonel Driant, officier français • un messager • un poilu blessé • brancardier 1 • brancardier 2 • le général Pétain • un vieillard, réquisitionné pour l'entretien de la « voie sacrée » • un enfant (id.) • une femme (id.) • un soldat allemand • le général Mangin	• une infirmière de campagne

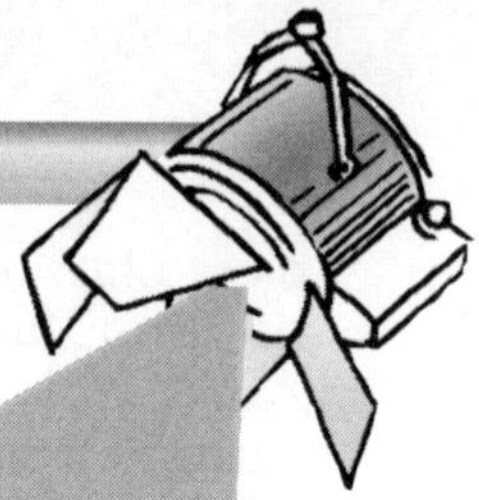

Verdun

À savoir pour mieux comprendre

Kronprinz : titre porté en Allemagne ou en Autriche par l'héritier de la couronne.

Joffre : général puis maréchal de France né en 1852 et mort en 1931. Commandant en chef des armées françaises de 1914 à 1916, il remporta la victoire de la Marne.

Pétain : général puis maréchal de France né en 1856. Vainqueur à Verdun en 1916, il fut nommé commandant en chef des armées françaises en 1917 et conduisit les troupes à la victoire finale en 1918. Il devint ministre de la Guerre en 1934, puis Chef du gouvernement en juin 1940. C'est à ce poste qu'il conclut très vite l'armistice avec l'Allemagne au début de la Seconde Guerre mondiale. Il fut chef de l'État français à Vichy pendant l'Occupation allemande. Condamné à mort après la Libération en 1945, sa peine fut par la suite transformée en détention à perpétuité. Il est décédé en 1951.

Driant : officier français né en 1855. Il fut tué dans la défense du bois des Caures au début de la bataille de Verdun en 1916.

Mangin : général français né en 1866. Il prit une part décisive à la victoire de Verdun et aux offensives de 1918.

Accessoires et costumes

Costumes d'époque pour tous (réalisés à partir de l'illustration p. 137).
Une tenue d'infirmière pour la commentatrice.
Une carte du front de Verdun.
Une table et une chaise.
Un brancard, un bandage taché de sang.

Une brouette, une pelle, une pioche.
Un casque français et un autre allemand de la Première Guerre mondiale. Le casque allemand à pointe a été utilisé au début de la Première Guerre mondiale puis remplacé par le modèle illustré p. 134.

Conseils de mise en scène

La commentatrice lira l'introduction. Elle restera sur le côté de la scène pour montrer au public un panneau portant le titre de chaque tableau « L'attaque allemande sur Verdun », « Les forts français sont désarmés », etc.

La carte du front, épinglée au mur, ainsi que la table et la chaise camperont le décor des états-majors allemand et français. Il suffira de placer le casque allemand sur la table du 1er tableau et de le remplacer par le casque français au 2e tableau pour faire évoluer l'action du camp allemand au camp français, et inversement.

Ce décor unique pourra être utilisé durant toute la pièce. Le 5e tableau (« la Voie Sacrée ») pourra être joué sur le devant de la scène par les trois acteurs avec brouette, pelle et pioche. Ceux-ci feront mine d'empierrer la Voie, matérialisée par l'espace situé entre la scène et le premier rang des spectateurs.

Pour suggérer le va-et-vient des camions sur la Voie Sacrée, on demandera aux acteurs de faire comme s'ils regardaient un camion passer à intervalles réguliers.

Le colonel Driant étant déjà mort lorsqu'il apparaît sur scène, il portera un maquillage lui donnant une pâleur cadavérique (visage légèrement blanchi à la poudre et yeux cernés de noir).

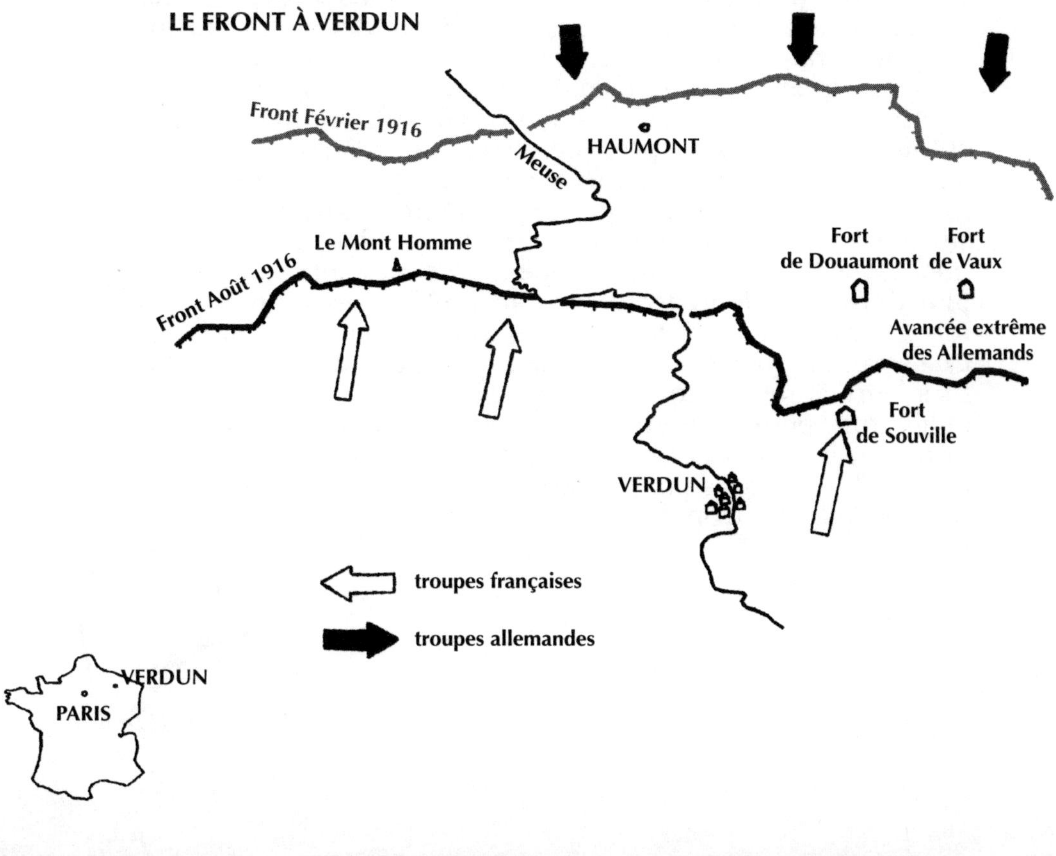

Verdun

de Michel Fustier

Introduction

La Grande Guerre, celle de 1914-1918, dite aussi « Première Guerre mondiale », s'est déroulée principalement en France, sur un front qui s'étendait de la Suisse jusqu'à la mer du Nord. Elle a duré quatre ans et fait plus de trois millions de morts. Un des moments les plus terribles de cette guerre fut la bataille de Verdun, où la France et l'Allemagne se défièrent longuement et inutilement sur l'un des hauts lieux de l'Europe.

1er tableau

L'attaque allemande sur Verdun

Le Kronprinz *(s'adressant aux spectateurs comme à ses généraux).* Messieurs les généraux de l'armée allemande, moi, le Kronprinz, votre général en chef, j'ai d'importantes nouvelles à vous communiquer... Cela fait un an que nous sommes en guerre contre les Français. Nous les avons dans un premier temps culbutés et poursuivis presque jusque dans Paris : dans un deuxième temps, ils nous ont vigoureusement raccompagnés sur notre chemin ; et maintenant, sur huit cents kilomètres de front, chacun dans nos tranchées, nous nous faisons bêtement face... C'est une situation qui ne peut plus durer. J'ai donc décidé... *(Il montre la carte du front.)* Ici, à Verdun, le front fait comme une avancée dans nos lignes, une sorte de poche : c'est là que nous allons attaquer les Français. Ils s'y précipiteront tous, comme de grands courageux nigauds qu'ils sont, pour défendre leur prestigieuse place fortifiée. Et quand ils y seront bien nombreux, nous refermerons la poche et nous les y ferons prisonniers. Ainsi finira une guerre qui n'a déjà que trop duré.

casque allemand

2e tableau

Les forts français sont désarmés !

Le général Joffre
Ce n'est pas possible : les Allemands mijotent quelque chose et je suis sûr qu'ils vont nous attaquer. Mais où vont-ils nous attaquer, c'est ce que moi, le général Joffre, général en chef des armées françaises, je ne sais pas...

Le lieutenant-colonel Driant *(entrant).*
Mon général, mon général...

Le général Joffre
Qui êtes-vous ?

Le lieutenant-colonel Driant
Je suis le lieutenant-colonel Driant. Je viens d'être muté sur le front de Verdun et ce que j'y vois dépasse l'imagination...

Le général Joffre
Peut-être n'en avez-vous pas beaucoup.

Le lieutenant-colonnel Driant
En effet, mais je ne rêve pas, moi, et ce que je vois, je le vois ! La ville de Verdun... Je vous rappelle que Verdun est un haut lieu de la défense française, un symbole évident de notre indépendance nationale.

Le général Joffre
Au fait, colonel, au fait !

Le lieutenant-colonel Driant
Eh bien, dans un rayon de quinze kilomètres, la ville de Verdun est défendue par une vingtaine de puissants forts.

Le général Joffre
Mais enfin, colonel, je sais tout ça...

Le lieutenant-colonel Driant
Mais non, vous ne savez rien... Or, le plus prestigieux de ces forts, le plus profond, le plus vaste, le plus solide et le mieux placé, est le fort de Douaumont...

Le général Joffre
Et alors ?

Le lieutenant-colonel Driant
Et alors... À la veille d'une attaque que l'on sent monter de tous les côtés, le fort de Douaumont a été vidé de sa garnison et dépouillé de ses canons. Il n'est plus occupé que par quelques balayeurs...

Le général Joffre
Ne savez-vous pas que nos stratèges privilégient la mobilité des troupes et ne veulent point être fixés par de quelconques fortifications... Mais vous avez raison, je vais m'occuper de Douaumont... *(On frappe.)* Entrez !

Le messager
Mon général, les Allemands ont attaqué Verdun, ils ont avancé de cinq ou six kilomètres : nos troupes ont été culbutées et Douaumont est tombé.

Le général Joffre *(silence).*
Trop tard, colonel... Merci de votre témoignage, au revoir.

Le lieutenant-colonel Driant
Pas au revoir : adieu, mon général ! Ce que vous ne savez pas non plus, c'est qu'à l'heure où je vous parle, le 21 février 1916, j'ai déjà été tué en essayant de défendre Douaumont.

Le général Joffre *(saluant).*
Condoléances ! Vous n'êtes pas le seul. Que voulez-vous que j'y fasse, c'est la « mobilité » !

3e tableau

La misère des combattants de base

Le poilu blessé *(porté sur une civière par deux brancardiers. Il a un gros pansement plein de sang à la jambe. Il se relève à moitié pour parler.)*
Pour ce qui est de la mobilité, ne vous faites pas de souci, on en a !

Brancardier 1
Tu vas te tenir tranquille !

Brancardier 2
Si tu continues, on te vide...

Le poilu blessé
La ferme, vous autres, vous n'avez pas droit à la parole. Moi, j'ai des choses à dire. Posez-moi là... merci. Et je les dis !... Donc, la mobilité... Ce qu'il y a de terrible dans cette bataille de Verdun, c'est que l'on vous envoie tenir le front, mais qu'il n'y a pas de front : il n'y a que de la pluie, de la boue, du froid... On arrive en pataugeant avec sa petite pelle, on se dit : « Le front, ça doit être ici... » « Non, c'est là, dit le lieutenant... », mais comme le lieutenant vient de recevoir un obus sur la tronche... Car j'ai oublié de le dire : s'il y a tant de boue, c'est que les obus tombent

dru et qu'ils remuent hardiment tout ça... tout ça : c'est-à-dire l'eau, la terre, le sang, la merde et les cadavres, quel mélange ! Donc, le lieutenant n'étant plus là, on prend sa petite pelle, on se dit : « Tant pis, le front, c'est ici ! » et on creuse son trou dans le mélange... C'est la nuit, parce qu'il ne faut pas que l'on se fasse repérer. Le trou se remplit tout de suite de... soupe, mais on a tellement peur des obus qui éclatent de tous les côtés qu'on s'y blottit quand même. On y passe la nuit... Et le matin, quand le jour se lève – ne croyez pas qu'on ait dormi beaucoup ! – on s'aperçoit que les Allemands ne savent pas non plus où est le front ! Bien... On reste deux ou trois jours à attendre... Ils pourraient le trouver par hasard ! Et s'ils viennent, on les repousse ! Et quelquefois, c'est nous qui nous faisons culbuter. Et quand on rentre, ceux qui rentrent se comptent, même les blessés ; et ils sont bien contents de pouvoir se compter, car il y en a bien souvent au moins la moitié qui ne peuvent même plus se compter...

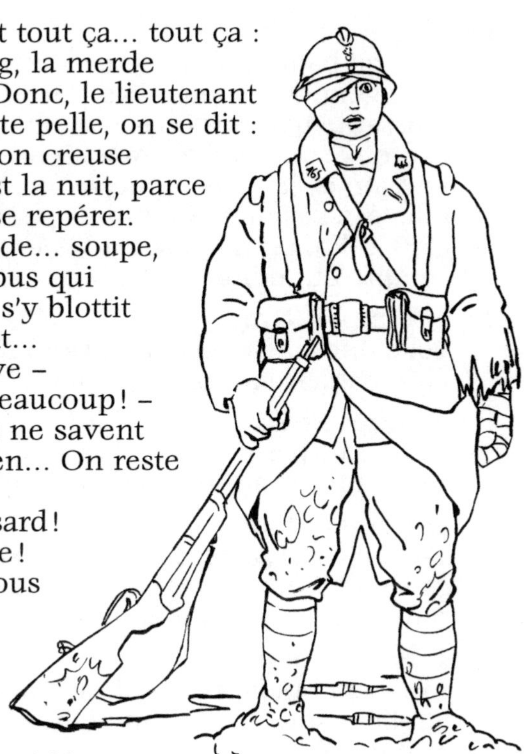

Brancardier 1
T'auras la croix... Ça y est, on peut repartir ?

Le poilu blessé
Allez-y maintenant, j'ai tout dit.

Brancardier 2
Tant mieux. Sans ça, on aurait pu y rester nous aussi...

4e tableau

Le général Pétain

Le général Joffre
Général Pétain, eu égard à vos éminentes qualités humaines, je vous confie le commandement de la bataille de Verdun, qui, soit dit entre nous, est bien mal engagée, et je vous le dis solennellement : il faut tenir !

casque français

Le général Pétain

Un vrai bâton merdeux, ce Verdun, sauf votre respect, mon général ! En tout cas, l'artillerie allemande est tellement puissante que nos divisions ne pourront pas supporter longtemps l'épreuve du combat. Aussi, considérant mes éminentes qualités humaines, je vous propose que, pour tenir, les troupes soient relevées dès qu'elles auront perdu la moitié de leurs effectifs, c'est-à-dire en moyenne tous les quatre ou cinq jours. Il faut tenir compte du moral.

Le général Joffre

Vous dites juste. Accordé. Combien de combattants voulez-vous faire passer dans la moulinette ?

Le général Pétain

Je ne sais pas encore... Il faut que j'en aie en permanence sous la main au moins deux cent cinquante mille.

Le général Joffre

Tant que ça ! Mais si la bataille se prolonge, général Pétain, ce sera bientôt toute l'armée française qui aura défilé à Verdun sous votre commandement.

Le général Pétain

Ainsi aura-t-elle pu profiter toute entière de mes éminentes qualités humaines. Il me faut aussi cent trente mille chevaux et mulets.

Le général Joffre

Avez-vous l'intention de faire relever aussi les chevaux et les mulets ?

Le général Pétain

Non. Je n'ai pas d'éminentes qualités chevalines. Des canons, aussi, beaucoup de canons.

Le général Joffre

Nous ferons tout ce que nous pourrons.

Le général Pétain

J'aurai bien soin de ne pas les abîmer.

Le général Joffre

Et les Allemands, qu'en ferez-vous ?

Le général Pétain

Soyez tranquille : on les aura !

5e tableau

La Voie Sacrée

Le vieillard *(avec une brouette).*
Nous sommes les vieillards, les femmes et les enfants de la ville de Verdun et nous avons été réquisitionnés pour entretenir la Voie Sacrée…

L'enfant *(avec une pelle).*
La Voie Sacrée, il faut le savoir, on nous l'a appris à l'école, c'est la route qui mène de Bar-le-Duc à Verdun.

La femme *(avec un pic).*
Et sur la Voie Sacrée, le général Pétain fait monter vers le front les camions qui amènent des troupes fraîches…

Le vieillard
On dit « monter vers le front » comme on dirait « monter à l'autel du sacrifice » !

La femme
Et les mêmes camions redescendent en ramenant à l'arrière ceux dont les dieux de la guerre n'ont pas voulu. Mais quand ils redescendent, ils sont à moitié vides…

Le vieillard
Ces camions qui montent et descendent, c'est comme une véritable noria : ils vont arroser de sang le champ de bataille…

L'enfant
Sur la Voie Sacrée, il passe en temps normal un camion toutes les quatorze secondes, dit le général Pétain dans ses mémoires…

Le vieillard
Mais voilà, à la fin de l'hiver, la route a dégelé ; elle est devenue une véritable mer de boue…

La femme
Encore la boue ! C'est tout de même dégoûtant, cette guerre ! Quand est-ce que les hommes auront compris que la guerre, c'est dégoûtant ?

Le vieillard
Tais-toi, la mère, tu n'y comprends rien… La guerre, c'est sublime !

La femme
Tais-toi donc, vieillard stupide !

Le vieillard
Il n'y a pas moyen de l'empêcher de divaguer… Il y avait donc tellement de boue qu'il a fallu empierrer la route ! Et pour cela,

on a dû ouvrir la montagne et y prendre des rochers qu'on a cassés en petits morceaux avant de les jeter sous les roues des camions.

La femme

Allons, nous n'avons pas terminé, au travail : la boue commence à remonter.

L'enfant

Attention... bien comme il faut, entre deux camions, allez-y.
(Ils lancent adroitement leurs cailloux.)

6e tableau

L'armée allemande marque le pas

Le Kronprinz

Nous nous étions donné huit jours pour prendre Verdun.
Et voilà six mois que nous piétinons... Que nous piétinons !

Le soldat allemand

Ah ça, pour piétiner... Vous savez ce que c'est, vous, mon général en chef des armées du Kaiser, ce que c'est que piétiner, pour un soldat allemand ? La boue, les obus, les trous, les bras et les jambes des morts qui sortent de la terre, les mitrailleuses... On n'est pas mieux lotis que les Français ! Et puis, on ne nous relève jamais : on complète les effectifs, c'est tout. Les Français, on les relève... et quand ils sont morts, ou qu'ils devraient l'être, ils se relèvent tout seul, – mauvais jeu de mots – debout les morts ! Et ils nous tirent dessus ! Et puis...

Le kronprinz

Et puis quoi, soldat ?

Le soldat allemand

Et puis, les Français, ils défendent leur territoire, ils y croient, ils s'accrochent. Nous autres...

Le Kronprinz

Et la gloire de l'Empire allemand, qu'en faites-vous ?

Le soldat allemand

Sauf votre respect, mon général en chef, la gloire de l'Empire, on s'en... Bon, je n'ai rien dit !

Le Kronprinz

Et moi, je n'ai rien entendu.

Le soldat allemand

Et ce qui est encore pire, c'est qu'avant de sauter sur les mines... – décidément, qu'est-ce que je me permets comme mauvais jeux de mots – on la saute tout court : rien à bouffer dans les gamelles.

Le Kronprinz
Soldat, c'est la conséquence inévitable de l'immonde blocus que nous impose l'ennemi !

Le soldat allemand
Et puis, c'est peut-être nous qui avons lancé les premiers les gaz asphyxiants, pudiquement nommés « gaz de combat »,
mais ils n'ont pas été longs à trouver le truc, les gars d'en face ;
et, non contents de la sauter – encore plus mauvais jeu de mots – qu'est-ce qu'on déguste !

Le Kronprinz
Soldat, permettez-moi de vous rappeler que vous appartenez à une race de surhommes. Garde à vous !

Le soldat allemand
Oui, mon général en chef !

Le Kronprinz
Et je vous annonce une bonne nouvelle : puisque vous en avez assez de Verdun, vous allez être muté sur le front de la Somme, où va se livrer une autre grande bataille contre les Anglais. Votre expérience du combat y fera merveille.

7e tableau

La reconquête du territoire perdu

Le général Pétain
Les Allemands vont se battre sur la Somme. À Verdun, ils dégarnissent leur front et ils ont renoncé à leur offensive. Il faut maintenant regagner le terrain perdu autour de la ville. J'en ai un peu marre, général Mangin, vous vous en occuperez.

Le général Mangin
Je suis déjà au travail, et soyez tranquille, le surhomme, c'est moi, et je suis animé d'une énergie considérable.

Le général Pétain
Ne soyez quand même pas trop dur !

Le général Mangin
C'est pour être dur que vous m'avez nommé... J'ai besoin d'hommes, je suis impitoyable ! J'ai besoin de canons...

Le général Pétain
Vous en aurez.

Le général Mangin
Les hommes, je les veux minutieusement entraînés. Les canons, je les veux très gros... Nous ne pouvons pas reprendre le fort

de Douaumont sans d'énormes canons avec lesquels, en tir plongeant, nous anéantirons les troupes allemandes qui l'occupent.

Le général Pétain
Bon, entendu… Est-ce fait ?

Le général Mangin
Oui, mon général. Le 24 octobre, à onze heures du matin, nous avons repris possession du fort de Douaumont.

Le général Pétain
Huit mois de combats pour reprendre ce qu'avec un peu d'intelligence nous n'aurions jamais dû perdre… Et maintenant, combien de mois pour regagner entièrement tout le terrain ?

Le général Mangin
Général Pétain, vous le savez mieux que moi.

Le général Pétain
Oui, c'est vrai, où ai-je la tête : c'est seulement le 20 août 1917 qu'autour de Verdun, toujours sous mes ordres, l'armée française a achevé de repousser les Allemands sur leurs positions de départ.

Le général Mangin
En réalité, dix-huit mois pour rien. Et de part et d'autre, un million de morts !

Le général Pétain
Oui, mais quel déploiement d'héroïsme. L'homme de Verdun s'est retrempé dans le combat. Verdun est une grande victoire morale. Les victoires morales ne sont jamais trop cher payées.

8e tableau

Les généraux tiennent bon

Le Kronprinz
Messieurs les généraux de l'armée allemande, moi, le Kronprinz, j'ai d'importantes nouvelles à vous communiquer… Les troupes de notre grand pays ont été héroïquement submergées par la puissance des canons ennemis. Mais, à bien considérer les choses, depuis dix-huit mois, nous n'avons pas, en réalité, perdu un pouce de terrain et l'adversaire s'est épuisé. Nous sommes maintenant en meilleure position que jamais pour continuer la lutte. C'est ce que nous allons faire. Messieurs, à vos postes. Dieu est avec nous.

Rideau

Dans la même collection

100 jeux de théâtre à l'école maternelle,
D. Mégrier

10 spectacles à jouer en maternelle,
D. Mégrier

Des sketches à lire et à jouer,
5-8 ans, F. Fontaine

Des spectacles pour les enfants,
5-10 ans, sous la dir. de D. Chauvel

Pièces pour marionnettes,
6-12 ans, E. Lecucq

Pièces et Saynètes pour les enfants,
7-11 ans, sous la dir. de D. Chauvel

20 pièces à jouer,
7-13 ans, sous la dir. de C. Lamblin

La grammaire en scènes,
8-11 ans, A.-C. Vivet-Rémy, F. Fontaine et C. Lamblin

Pièces drôles pour les enfants,
8-12 ans, sous la dir. de C. Lamblin

Lectures-spectacles,
à partir de 13 ans, A. Héril, D. Mégrier

Réalisation : Studio Primart
Illustrations : Catherine Beaumont
Cartes géographiques : Frédéric Morel
Suivi éditorial : Marie Mathelier

Achevé d'imprimer en France, en juin 2001
sur les presses de l'imprimerie France Quercy

N° d'éditeur : 838

N° de projet : 10087082 - (IV) - (6,5) - BSBM 80°
Dépôt légal : avril 1999
N° d'imprimeur : 11210